神様からの宿題

宮崎伸一郎
SHINICHIRO MIYAZAKI

道友社

はじめに

宮崎伸一郎氏が心理学を志したのは、西南学院大学四年生のときでした。梅《うめ》満《みつ》分教会長であり医師としても活躍した父・宮崎道雄氏の大病がきっかけだったといいます。すでに東京の商社へ就職が内定していましたが、教会長を継ぐ心を定め、そのためには何をすればいいのかと考えて進路を変更したそうです。

大学卒業後、九州大学の聴講生として一から心理学の勉強を始め、研究生として大学院在学中に、児童相談所の心理判定員として勤務し、以来、心理職に携わってきました。

昭和六十年、二十八歳で部内教会の会長となり、平成五年に父の後を継いで梅満分教会長に就任。その間、天理教学生会の活動に関わり、大きく貢献をしました。なかでも、氏が教会活動の人材育成に取り入れたグループワークや心理学の手法は、広く教内で活用され、そこから多くの若い指導者が育っていきました。

平成二十一年、心理臨床に携わる教友に呼びかけた初の会合「道の心理臨床家の集い」が親里で開催されました。代表を務めた氏は、講演の中で「私のアイデンティティーはあくまでようぼくであり、そのうえに心理臨床家としての知識と技術がある」と述べ、「いずれは本教独自のカウンセリング機関の設立なども視野に入れ、親里での各種行事にカウンセラーを派遣できる態勢を整えられれば」との抱負も語っています。

その四年後の平成二十五年四月、五十六歳の若さで出直されましたが、臨床心理士として、また教会長として、若者たちに真正面から向き合い、悩める心に寄り添い続けた宮﨑伸一郎氏の、おたすけにかける熱い思いは、後に続く多くの人たちに受け継がれています。

編　者

目次

第二章　家族のハーモニー……………………69

第一章

神様からの宿題

神様の配置

今日は「おみやげ講話」ということで、品物は何も持ってきていませんけれども、おぢばがえりのおみやげになるようなお話ができればいいなと思っています。どうぞよろしくお願いいいたします。

身近なところに苦手な人が

皆さんのなかには、「私はこういう性格だ。この性格でずっと何十年もやってきた」と思っている方がたくさんおられると思います。ところが、必ずと言っていいほど、そのまったく反対の自分というのが心の中に隠れています。この両方の性格を自覚することが大切だと思います。私はこういう性格ですと、人に簡単に言える性格を知っているだけでは、本当の自分の理解はできていない。また、相手の理解もできないと思うのです。

どうすれば、それが分かるかというと、私はいつもこういうお話をします。たとえば、皆さんの周りに嫌いな人とか苦手な人はおられませんか。どうもあの人は苦手だな、という人が。教会の会長さんや奥さんでも、口に出しては言わないでしょうが、信者さんのなかに一人くらいは苦手な人がおられるのではないかと思います。

テレビでよく、芸能人の離婚の話題のときなどに「性格の不一致」という言葉を使いますよね。私はそれを聞いて、「性格が一致している夫婦なんて、そんなにいるのかな?」と、いつも思うんです。それくらい、苦手な人というのは、実はすぐ近くにおられる方ではないかと思うんです。旦那《だんな》さんだったら奥さん、奥さんだったら旦那さん。親子、兄弟、親戚《しんせき》、理の親と理の子……。意外と一番身近な人に、苦手な人が多いと思いませんか。

なぜ苦手なのか。それは、神様がそういう人をそこに置かれているからです。お互いがお互いを理解するために、そして自分の陰の部分のいんねんを知るために、それが出やすい人を近くに配置されているのです。

たとえば、若い人がアルバイトをしていると、「こいつ嫌やなあ」と思う上司がいたりしますよね。それで「もう、やめたるわ」とか言ってやめます。すると次のバイト先に、名前と顔は変わっているけれども、さらにパワーアップした嫌な上司がいるものです。

そんなとき、「またこんなヤツがいる。どうして俺《おれ》はこんなにツイてないんだろう」って、だいたい人のせいにしますよね。でも、実はそうじゃないんです。自分の中の陰の性格がモヤモヤしていて、いつも爆発しそうになっているわけです。

皆さん、いまからちょっと自分の嫌いな人のことを思い浮かべて、その人の性格を、口に出さなくてもいいから言葉にしてみてください。そして、たとえば「あんなにポンポン人に偉そうに言って、まったく」と思っている方は、その後ろにこの言葉をつけてみてください。

「うらやましい。私も言ってみたい」と。

どうです？　当たっている方がおられるのではないですか。つまり、うらやましいと、心のどこかで思っているわけです。「俺だって、あんなふうに思いきったことを言ってみたいわ。でも、立場的に言えないじゃないか。うらやましい」とね。

だから、その嫌な人によって、自分の中に抑えているものがチクチクと刺激されて、表に引きずり出される。それが嫌なんです。その人が嫌なのではなくて、その人と一緒にいるとおかしくなる自分が嫌なのではないでしょうか。

腹が立ってくる。自分が嫌な人間になってくる。意地悪になってくる……。

その人が悪いのではなくて、こちらの心がそういうふうに動くわけです。そのことを理解せずに、ずっと避けているだけでは、また必ずそういう人が、いろんな姿で目の前に現れます。

私と妻の場合

たとえば、私と家内の場合です。

男の人は買い物に行くと、お札を出してお釣りをパッともらって、すぐその場を立ち去りたいという、そういうタイプの人が多いんですね。千八百五十円だったら千円札を二枚出して、百五十円のお釣りをもらって、サッとその場を素早く去っていくのがカッコイイなと、私も思っています。ところが家内と一緒に買い物に行くと、私が自分でいられなくなるのです。

私は、自分の性格は気が優しくて、おっとりしていて、本当に広い心の持ち主だと思っています。だいたい世の中の男性は、そう思っています。奥さんに対して「おまえ、俺が夫で良かったね」って、みんなそう思っています。でも、奥さんはそうではなくて「私が妻だから、あなたはやれてるのよ」って思っています。

面白いですね、夫婦っていうのは。そうやってお互いに、上手《じょうず》に誤解しながらやっているわけです。

それで、家内と買い物に行くと、「どうして女の人は釣り銭をもらわないように、もらわないように、お金を払おうとするのかな」と、いつも私は思うんです。

レジで家内の横にいるでしょ。私は、ピッピッとバーコードが鳴っている間に、だいたいいくらぐらいかと想像するわけです。ところが家内は、財布を出して待っていればいいのに、心ここにあらずという顔でジーッと宙を見ているんですよ。たぶん「今日の晩ご飯はシチューにしようかしら、カレーにしようかしら」とか、「あれは買ったかな、これも買ったかな」とでも考えているのでしょうね。

　それで、「千八百六十八円になります」って言われて、ハッとわれに返ります。「千八百いくら？」って、レジの表示を見ればいいのに、わざわざ聞いて、そして財布を取り出すわけです。

　ところで、どうして女の人は財布をバッグの取り出しにくいところに入れておくんでしょうね。奥のほうを探してやっと見つけて、二千円を出せばいいのに千円だけ出して、またそれを片づけて次は小銭入れを出して、パチッと開けて「五百、六百、七百……」って。

　あれで私はイライラしてくるわけです。なぜイライラするかというと、後ろに並んでいるおばちゃまたちの目が怖いから。「早くしいや」って、せっつかれている気がして。

「後ろに迷惑かけるから早くしろよ」と言って突っつくと、「ちょっと待ってね。えっと、八百六十……。あなた、三円持ってない?」って。「持ってるわけないだろ!」って言うのですが、必ず二円とか三円とか、私に聞いてくるんですね。「五円を出せばいいじゃない」って言ったら、仕方なく五円玉を出して、仕方なさそうにお釣りをもらうんですよ。

それを見たとき、気が優しくて、おっとりしていて、心の広い私が、もうグッチャングッチャンになっているわけです。

「おまえさ、パッパッとしろよ」って。「早くしないと後ろに迷惑やないか」って。

一度怒りだすと、何でも腹が立ってくるんです。帰りの車中でも「くっそー、信号が黄色になった。行くぞ」とか。もう、ポストが赤いのもおまえのせいや、みたいな感じで、どんどん怒りが湧《わ》いてくる。怒りながら、情けないわけですよ。分かりますか？

「こんなことで怒ってる俺、アホやなあ」と思いますけど、止まらない。それで、「なんで俺をこんなに怒らせるんや、おまえは」って、やっぱり言うわけですよ。こういうことって、ありませんか。

この人がここにいる意味

神様は、自分の身近なところに必ずそういう方を配置されています。苦手な人を近くに置かれます。「あぁ、なんでやろうか」って思ったときは、その人ではなくて、自分の心の中の問題なんです。

自分は優柔不断だと思っている方は、心の中に必ず頑固者がいますよ。頑固に優柔不断なんです。

変な話ですけど、たとえば「決められない、決められない」って言う人は、実は頑固なんです。だって、ずっと決めきれないんだもの。相手を待たせても決めないっていう、頑固さがあるんです。

私の家内がそうです。「あぁ、決められない、決められない」って言うから、私は「おまえは頑固者やなあ」と言うんです。そして私は、その優柔不断が嫌だから、早く決めちゃうんです。

だから、私の中には優柔不断があり、頑固がある。頑固そうで優柔不断、そういう、全然違う自分自身がいるということを、皆さんも頭の中に入れておいてほしいのです。私が今日、皆さんにお話ししたいことのまず一つ目が、これです。

もう一つは、その配置は誰がなされているのかということです。これは神様がなされています。ですから、見事になされています。

配置ということを、英語で「コンステレーション（constellation）」といいます。この言葉には、星座という意味もあります。

星座って素敵《すてき》ですよね。昔の人はロマンチックだなと思います。バラバラの星と星をつないで、カシオペア座とか北斗七星とか、天秤《てんびん》座とかさそり座とか、よくまあ、そんなふうに見えるなあと思います。あの見えない線をつなぐのが想像力なんですね。

私たちは、無意味に夫婦になったり、親子になったり、同じ教会にいたりはしないんですよ。神様は、一つの星も無駄にならないように、ちゃんとつながりをもって、同じ家族や教会に配置しておられます。ですから、私たちがバラバラだと思うのは、想像力が及んでいないからです。この人がここにいる意味、この人が自分の子供でいる意味、親でいる意味を、自分で探すことをやめているだけではないでしょうか。

おぢばはたすかる所

魂と心と体

皆さんは今日、おぢばがえりをされています。私は、おぢばはたすかる所だなと、いつも思うんです。本当にたすかる所です。これはもう、掛け値なしに断言できます。

私は、人間は魂と心と体の三層構造でできていると、勝手に思っています。魂は、陽気ぐらしをするために、人だすけをするために、神様が最初から私たちの心の奥にドンとつけ加えてあります。体は、神様からのかりもので、自分の自由にはなりませんが、その体を使ってやっていくことや、人として生きる目標は何かというと、それは魂通りの生活をすることです。つまり、陽気ぐらしをすることと、人をたすけることが、最初に〝宿題〟として神様から与えられているんですね。

でも、なぜそれができないかというと、神様が心の自由を与えてくださったからです。心って自由だから、かえって不自由ですよね。だって、心なんてコロコロ変わりますよ。さっきまで大好きだった人が、あっという間に大嫌いになるってこと、ありませんか。昨日まで勇んでいたのに、何かあったら「もう俺《おれ》、天理教やめようかな」って、すぐ思っちゃう。これぐらい、心は自由なんです。

おさしづに、「誠一つの理が自由《じゅうよう》」というお言葉があります。この「誠」というのは神様の思いに沿った心のことで、そういう心を使っていれば、もっと自由になるよっていう意味だと思います。つまり、想像力も豊かになるし、見えないものも見えてくるよ、感じられないものも感じられるようになるよって、教えられていると思うのです。

神様が私たちに心の自由を与えてくださったのは、この魂の発動がスムーズにできるように、魂が持っている目的に向かって自分の心を成人させていくためだと、私は思っています。

私たちは何のために、神様から派遣されてこの場にいると思いますか。人間の一番幸せな姿は何かというと、出直した後です。出直した後に、私たちの魂は親神様、教祖《おやさま》の元に戻って、しばらく抱きしめられますよね。そのときが、一番幸せに決まっています。

神様は魂をちゃんと見定めて、この魂はここに、こういう名前で、この教会の長男で、この布教所の次男で、という形で配置されます。ですから、神様は平等ではありませんよ。神様は平等だと思っている方は、それは勘違いです。神様は公明正大、公平だと私は思っています。形だけ平等になったって仕方ないじゃないですか。神様のすることに間違いはない。そこでしか、あなたは陽気ぐらしができませんよ、ということです。

もっと言えば、今回のこの人生は、この場所で陽気ぐらしをしなさいということ。途中で身上があろうが、事情があろうが、親兄弟にどんなことがあろうが、ここで陽気ぐらしをすることがあなたの宿題だよということで、私は派遣されているわけです。たぶん皆さんも、そうだと思います。

でも、終わったら、ちゃんと体をお返しして、また魂は元に戻ります。ですから、私たちは常に、生きたり死んだりを繰り返して、大きな意味で親の元へ帰っているわけです。

人をたすける心

私は、四年前にがんの身上を頂きまして、大腸と結腸を三十五センチほど取りました。それからは療養しながら少しずつ回復してきましたが、やっぱりあいう病気はなかなか怖いもので、正直言って心配しながらつとめていました。そうしたら一年半たって、今度は肝臓に転移が見つかり、肝臓も六分の一ほど切除しました。それから二年半がたちまして、いまはこんなふうに元気にならせていただきました。

私ががんになったとき、最初に思ったのは「死」ということでした。「あぁ、死ぬかもしれない」と思いました。肝臓転移のときには、私はいろいろなおたすけ経験から、肝臓に転移した人は、たすかった人がいないとは言いませんけれども、ほとんどの人が難しかったので、「あぁ、終わりかな」と、正直言って思いました。

二回目の手術を受ける前、肝臓に大きな影が一個あると言われた次の日に、家内と二人でおぢばへ帰りました。とにかく帰りたかったんです。

自分の思いとしては、いまから考えると申し訳ないことですけれども、今度入院したら、もう退院できないかもしれないから、神様にお別れを言いに行こう、という思いでした。弱気ですね。ちょっとお願いも含んでいましたが、実はお別れをしようと思って、おぢばがえりをしたのです。

神殿の回廊を一周、二周と回ってお参りしました。ずっと自分のお願いをしながら、家内や子供たちのことをお願いしながら、教会のことをお願いしながら回りましたが、ちっとも気持ちが晴れない。それで、「もうやめた」と思いました。

人間はどうしても、自分のことをお願いしていると絶対に満足しませんね。皆さんもそう思いませんか。自分のことをお願いして、気持ちがすっきり満足するっていうことはないですよ。お願いをすればするほど不安になってくる。

神様は上手《じょうず》に造っておられるなあと思います。やっぱり魂の中にあるのは、人をたすけなさいという宿題なんです。だから、自分がしんどいとき、そんなときこそ人をたすける心になることが大事だと思います。

ですから、そのときも、「あぁ、そうか」と心にストンと治まって、最後は、私がおたすけに掛かっていた人たちのことを一生懸命にお願いさせてもらいました。「私はもう大丈夫ですから、どうぞ、そちらのほうをお願いします」とお願いをして、三周目を回ったときに、何かが私の心にスーッと入りました。それは「たすかる」という言葉です。「たすけてもらえる。そしてまた、おぢばに帰ってくることができる」と思ったのです。

何の確証もありませんけれども、最後は「また参拝に来させていただきます。今日は本当にありがとうございました」と言って、すっきりして帰りました。つまり、その時その瞬間に、心の出直しができたのだと思います。

考えてみれば、宮崎伸一郎という私は、一回しか出直せませんけれども、私の中にある魂はたぶん、いままでに何千回、何万回と出直していると思います。いろんな形で、いろんな死に方をしていると思います。だから死ぬことは、その一回なんだ。自分がいずれ死ぬことは間違いのない真実であり、自分がこの生を生きている間にできることは、自分の魂に徳を積ませてもらうことしかないと、こんなふうに気持ちが切り替わったのです。それで、もう考えるのをやめて、お礼だけをして戻り、手術を受けさせていただきました。

教祖が私のために

手術を受けたとき、ものすごいご守護をお見せいただきました。いまから話すことは、お道を通っている皆さんは分かっていただけると思いますけれども、一般の人にとっては何の不思議でもない話です。

私が手術を受けるために入院したのは四月十八日、教祖誕生祭の日でした。それで手術を受けたのは四月二十六日、本部月次祭の日です。私は何も頼んでいません。お医者さんに言われた通りにしたわけですが、それが四月十八日の朝十時に入院、二十六日の朝九時に手術開始だったのです。これだけでもう、たすかったと思いませんか。

お医者さんから二十六日に手術をすると言われたとき、私はニコッとしました。「あっ、そうですか。二十六日ですか」と言ったら、「何か都合が悪いですか?」と聞かれたので、「いいえ、お願いします」と答えました。

九時から手術が始まりましたが、なかなか麻酔ができませんでした。硬膜外麻酔といって、背中から麻酔薬を流す管を入れるのですが、三十分くらい、後ろで「あれっ、あれっ」とか言っているんです。私にはしっかり意識があるんですよ。手術室で意識があるのは、不幸ですね。見なくていいものまで見えますから。

そのうちに、手術をしてくださる教授が入ってこられました。「おっ、まだ起きてるの？」」と言われたので、私は「よろしくお願いします。頑張ってください」と言いました。あとから先生に、手術を受ける人から励まされたのは初めてだって言われましたけれども、こっちはもう真剣です。

そして「お任せします。よろしくお願いします」と言って握手をしたときに、時計を見ると九時半だったんですね。いまごろ、おぢばでは真柱《しんばしら》様が祭文を奏上されているな、そろそろおつとめが始まったなって思ったら、本当にそのときに、「あっ、入った」って、麻酔の先生が言ったのです。

それから、いろいろな処置をされている間、「あしきをはらうてたすけたまへ　てんりわうのみこと」と唱えていました。ほかに何もできませんから。

人間は何もすることがなくなったときに、初めて大事なことが見えますね。私にはおつとめがあったから、ありがたかった。だからもう、「あしきをはらうて……」と、ずっと心の中で唱えていました。そしてちょうど「たすけせきこむ」が終わって、そろそろ「よろづよ」かなって思ったときに、「じゃあ、麻酔薬を入れます」って言われて、それからはまったく覚えていません。

手術を受けた人は、意識が戻ったとき、終わった時間が気になると思います。というのは、あまりに早かったら「ダメだったのかな」って思うからなんですね。皆さんも、おたすけに行かれたときは気をつけてください。「とても早く終わったよ」って言われても、手術を受けた人は、少しもうれしくありませんから。逆に「なんでそんなに早かったの」って思いますよ。

私も「何時に終わった?」って、家内に聞きました。すると、二時ちょうどだったと言うのです。私はそのとき「教祖、ありがとうございます。お忙しいのに、わざわざ私のために」って、偉そうにこう思いました。それでいいんじゃないでしょうか。教祖が私のために、二時までついていてくださったと思ったら、怖いこともなくなりました。

〝家族の問題〟のおたすけ

ボールが高く上がったら

先ほど「家族も星座だ」という話をしました。皆さんにも家族がおられると思います。そのなかで、必ず一家に一人は気になる人がいますよね。子供が三人いたら、「どうもこいつだけは気になる」という子が。ほかの子は心配ないのに、この子だけは気になるという、必ず何か問題を起こしてくれる子がいますよね。それは、一つだけ離れているところに星があるんですよ。

「おまえ、なんで私たちと同じことをしないのか」って、ほかの星は仲間に引き込もうとするけれども、勝手にキラキラ光るわけでしょ。暴走族をやったり、シンナーをやったりして。不登校もそうです。「頼むからやめてくれ。ちゃんと真面目《まじめ》にやってくれないと困るから」って言っても、向こうのほうでピッカピッカと光っているんです。

「私たちから外れて光っているこの星を、なんとかしてください」と言って、おたすけを願う人がいっぱいいますよね。

たとえば、「お兄ちゃんは良い子なんです。弟も良い子なんです。お父さんもお母さんも素晴らしい人なんです。あの真ん中の子だけがなぜか、あんなふうになってしまって。髪の毛は染める、服装も悪い、バイクを乗り回す。恐喝はする、万引もする。先生、なんとかしてください」って、皆さんのところへおたすけのお願いに来られたとします。

そのとき、会長さんや奥さん、また布教所長さんやようぼくの人たちは、惑わされないでくださいね。ピカピカ光って目立つから、この星をこっちに押し込めばご守護が頂けると思ったら、大きな間違いだと私は思います。

この子がピカピカ光っているのは、この家族全体にとっての一つの意味なんです。危険信号なんです。家族全体が危険なのを、この子が一番先に察知して、SOSを出しているわけです。ですから、この子だけが危ないわけではない。全体が危ないのです。

以前、NHKの山川静夫《やまかわしずお》さんというアナウンサーのインタビューで聞いた話です。プロ野球中継は、バックネット裏から放送しますよね。ボールがカーンと高く上がったら、どの辺りを飛んでいるのか分からないんです。山川さんは実況の練習で、「おっ、打ちました。大きい、大きい、大きーい。あっ、すみません、ピッチャーフライでした」と言ってしまいました。すると、横についていた先輩アナウンサーから、こういうふうに言われたそうです。

「あのね、山川君。ボールが高く上がったら、ボールを見ちゃだめだよ。ボールが高く上がったら、下を見るんだ。グラウンドで、誰がどんなふうに動いているかを見なさい。ボールは構えている人のところに落ちてくるから」

この話を聞いたとき、私は家族の問題のおたすけにずっと携わっていたので、ヒントを頂いたような気がしました。私たちがおたすけをするときは、ポーンと打ち上げられたボールをなんとかしようと思いますよね。やれ別席だ、やれ修養科だと、一生懸命におたすけをします。だけど、修養科から戻ってきて、元の木阿弥《もくあみ》ってことは多くないですか。

その子は一生懸命に三カ月間、生まれ変わったように頑張った。でも帰ってきたら、また元に戻ってしまった。それは、その子が悪いのかどうか、考えてみてほしいのです。ボールが打ち上がったということは、打ち上げた人がいるんですよ。打ち上げた人が、そのことを自覚していなかったならば、その家は何も変わらないということになります。

自分の影が子供に

私はおたすけに掛かると、どちらかというと家族の人たちと話をしに行きます。そして、お父さん、お母さんからお話を聞きます。お父さん、お母さんは困ります。「だって、あの子が悪いんだから」「いや、私は関係ないの。あの子だけを何とかしてほしいんだから」「私はちゃんとやっていますから」……。

私は、それがあやしく思えて仕方がないわけです。「あやしいな。なんで一人だけが悪くて、ほかの人は良いんだろう」って。

ピカピカ光が当たっている家族っていうのは、影が濃くなりますよね。ものすごくうまくいっているときほど影が濃くなるんです。「家庭はうまくいっています。悪いのは、あの子だけです」というのは、自分たちに光が当たっている分、その子に影が集中しているというだけなのかもしれません。自分の影が、その子に現れているんですよ。

私が家族の人から話を聞いていても、なかなかしぶといです。それでも三回、四回と聞きに行くと、本音をもらしてくれます。

その子の父親は学校の先生ですが、「お父さん自身のことはどうですか？」って聞いたら、「私だって若いときはね……。私の父も学校の教員でした。だから、本当は暴れたかったんですよ。暴走族なんかも、やってみたかった。バイクを乗り回したかった。だけど、私はできなかったんですよ」と言われました。私は「やった！」って思いました。お父さんの夢を、子供が叶《かな》えている。父親の夢を叶えようと、一生懸命に頑張っているんですよね。

お母さんも言いました。「私は長女で生まれてね。妹たちばっかり可愛《かわい》がられて、私はいつも我慢していました。自分の言いたいことを一つも言わずに、やってきました」って。この子がお母さんの言うことを全然聞かないのは、見事に影になっているんですね。

そういうふうに思えたら、たとえばお兄ちゃんも、良い子かと思ったら大きな間違いです。みんなが「この子は成績も優秀で、とても良い子です」と言います。私はそういう子に必ず聞きます。「君は何が自慢かな。自分の良いと思うところを言ってみて」って。そうすると、意外とないんですよね。「良い学校に入ったこと、それから成績、スポーツ……、ほかには？」って、けっこう意地悪く聞いていきます。

「ほかには何もないね。だとしたら、あんまりたいしたことないよね。でも、あの子も同じなんだよ。いまは暴走族とかやって目立っているけれど、君の学校の名前と、あの子の暴走族の名前と、先生（私）にとっては、あんまり変わらないと思う。そうじゃない？」

「だから、ちょっと考えてみてよ」って言ったら、お兄ちゃんも「そういえば、俺《おれ》よりあいつのほうが優しいです。小さな子たちには、あいつのほうが優しい」って、気がつくんですね。弟もそうで、お兄ちゃんは二人いるけれども「こっちの成績の良いお兄ちゃんよりも、あのお兄ちゃんのほうが、僕の気持ちを分かってくれる」って。ほーら、見つかったでしょ、ということです。

その子がそこに生かされている意味は、みんなで、こちらの側が見つけないと。こっち側の価値観に入らなければ意味がないと思っていることのほうが、大きな間違いなんです。神様が、そこに配置されているわけですから。いかにしてこの離れている星と、家族全体とが結ばれていくかということが大事なんです。よく見ると、ちゃんと結ばれているんですよ。

人の性格は変わる

「あの子だけですよ、先生。あの子のせいで、うちはでたらめで」って言っている間は、ちっとも変わりません。それが「今回はあの子のおかげで、本当にいい勉強になりました」と、親の言葉が変わったら、これはご守護ではないでしょうか。「おかげ」が分かる人間になったのだから。

そのお父さんは、陰を知らない人だったんですよ。自分は全部正しい人だった。陰を知らない人は、一面的な人間なんです。だから、反対側の人が私たちを支えて、私たちをそこに置いてくれているのだと思ってみてください。

よく、ポンポンと話して気持ちのいい人がおられるでしょう。「私は竹を割ったような性格で、なんでも思ったことを言います」っていう奥さんが。だいたいそういう人の近くには、ほとんどの場合は旦那《だんな》さんですけれども、一生懸命に割った竹で籠《かご》を編んでいる人がいます。「本当にすみません。うちの嫁があんなことを言って、ごめんなさいね」と。そのおかげで、奥さんは竹を割っていられるんですよ。

そのことを分かっていないと、何かのときに大逆転をくらいます。にっちもさっちもいかなくなります。ですから、陰ということをしっかり自覚することが、私たちにとって大事なことではないかと思うのです。

皆さんが、自分の性格だと思っていることの反対側、つまり外側で苦手だなと思う人と、内側で隠している自分の性格がシンクロしているんです。同じだということです。

お道のお話でよく、「苦手な人に手を合わせて拝むと、たんのうができますよ」と言われるのは、自分自身の理解ができる、いんねんの自覚が深まる、ということだと私は思います。そんなふうに考えていくと、苦手な人が配置されていることの意味が、よく分かるのではないかと思います。

その人たちに接するためには、自分の心で名前を変えることです。たとえばこのあいだ、ある芸能人が結婚して、すぐに離婚しました。結婚した理由は、「あの人は欲がないからいいんです」と言っていましたが、それがわずか二カ月で離婚をした理由は何かというと、「あの人は向上心がなくて」と言ったのです。同じことではないですか。

人間は、自分で同じことに違う名前をつけるんです。自分の好きな名前をつける。そして、それを変えないように、つけた名前の通りに相手を見ていくのです。「この人はこういう人」と言ったら、なんとなくその人は、そういう人のように見ていきます。

私は看護学生とか、カウンセラーを目指す大学生とかに、「人はこういう性格だと決めてはいけない」と、いつも言っています。人間の行動や考え方は、コロコロ変わるのだと。いまのこの人は、こういうときのこの人だと、そう思ったほうがいいのです。

人生、最高潮のときもあれば、どん底のときもありますよね。人間は、その時その時で性格が変わります。何でも喜べる日もあるでしょうし、何を見ても不足する日もあるでしょう。ですから「あぁ、この人は、いまは〝不足の世界〟にしっかり浸《つ》かっているときなんだな」と思うと、また変わるかもしれないという可能性が見えてきます。その可能性を見ていくことが、おたすけにつながると、私はいつも思っています。

「一生付き合う」をキーワードに

皆さんは、おたすけのゴールをどのように思っていますか。暴走族をやめさせることがおたすけなのか、髪形をまともに変えることがおたすけなのか。ちょっと考えてみてください。形のおたすけは、こだわったら、すぐにできそうに思いますけれども、もっと大切なことがあると思います。

私は、いつも若い子に「おまえね、おめでとう」って言うんです。「なんで?」って、必ず聞いてきます。私は「会長さんと知り合ったからには、俺はしつこいから。一生おまえと付き合うから」と言います。すると、「はぁ?」っていう顔をしますから、「いや、一生付き合うから」って。

いまの子供たちに、一生付き合える人がどれだけいると思いますか。いませんよ。子供たちはみな、あきらめています。中学校の友達は中学校まで。高校の友達は高校の友達。一生彼らと仲良く付き合うということは、あまり考えていません。

ですから私は、その子に言うんです。「おまえはね、たぶん途中で天理教を嫌いになったり、会長さんの顔も見たくないと思ったりすると思う。だけど、必ず会長さんは、おまえを見ているから。おまえのことを切らずに一生付き合うからな」って言うと、「えーっ」とか言いながら、うれしそうな顔をしますよ。

おたすけは、一生の付き合いです。その子が苦手になろうと、苦手なときが来ようと、こっちにとって困ったことになろうと、その子を信じていく。その子と一生付き合っていくのが、おたすけ人の使命だと私は思うのです。だって〝神様からの宿題〟なんだから。

自分の周りに与えられた人と、全部そうやって線をつないでいくと、孤独になることはあり得ません。「ありがたいな。いろんな人たちのおかげで支えられている」ということが、よく分かってきます。だから皆さんも、「一生付き合う」という言葉をキーワードに、おたすけをされたらいいと思います。

身上のおたすけ

足し算のすすめ

　この人の身上をご守護いただきたいと、私たちは一生懸命にお願いします。そしたら、ときたまですけど、素晴らしいご守護があります。けれども、しばらくすると、「あんなに鮮やかなご守護を頂いたのに、全然教会に来ない」と不足が募ってきます。会長さん方は、必ずそういう経験をされていると思います。

　でも、ふとわれに返って考えてみてください。その人がご守護を頂けるように、自分はどこまで思っていたのかを。

つい、目の前の状況にはまっちゃうんですよね。だから「この病気が治りますように」とお願いするんです。ご守護を願うんです。でも、自分がそこをゴールにしているから、それから先がダメになるんですよ。なかなか次につながらなくなるのです。

目の前の身上がどうであれ、この子が、この人が、一生この病気を持っていようが、少しくらい膝《ひざ》が痛かったり腰が痛かったりしようが、一生信仰して魂を磨くように導くことが、本当のおたすけだと思います。目の前に現れてくる姿にとらわれないことです。私はそれを、入院しているときに思いました。

イチロー選手が大リーグで活躍し、三割七分台の打率を残したとき、インタビュアーが「すごいですね、三割七分ですよ」と言ったら、超一流の選手は、やはり違いますね。なんて答えたかと言うと、「僕は割り算は嫌いですから」。「僕はヒットの数だけが好きなんです。どんなヒットを打ったかということを、覚えているのが好きなんです」と話したのです。

つまり、足し算をしていくということです。私たちが勇めないときは、引き算や割り算をしているときではないでしょうか。

考えてみてください。ほかの人と比べたり、ほかの教会や、ほかの信者さんと比較をしたり。これは引き算ですね。また、十回おさづけをして一回もご守護を頂けなかったら、「俺《おれ》は○割バッターだ」って思ったり。これも割り算ですよね。そうすると「自分のおさづけは効かないから、もうやめよう」って、やらなくなる可能性が出てくるんです。

私はそうは思いません。神様が「おさづけをしなさい」って言われているのだから、ようぼくはおさづけをさせてもらったらいい。それが、十回やっても百回やっても、全部空振りだとしても、空振りをするそのときが、私たちの生きる意味を考えるときなんですから。

空振りを百回する人は、たいしたものだと思いますよ。百回空振りした魂は、必ずその練習が次に活《い》きます。自分の人生で空振りを二百回やったなら、次に生まれ替わってきたときは、今度は上手《じょうず》ですよ。空振りを恐れませんから。

空振りを十回やって、「どうせ次もだめだから、もうやめちゃおう」っていうのが、一番のマイナスではないでしょうか。つまり、バッターボックスに入らなくなる。

うちの信者さんでも、八十過ぎで、おさづけの理を戴《いただ》いて六十年という方がいますが、「私のおさづけなんか効くはずがない」と、えらく自信を持っておられます。「やってよ」と言っても、「いや、無理無理。取り次ぎ方も覚えていません」って。もったいないですよね。

ずっとやっていたら、一生のうちに一回か二回、逆転満塁ホームランみたいなことがありますよ。その日のために空振りをしていると思ったらいいんじゃないですか。それで、いつかその魂がいいバッターになって、三割バッターになれば十分だと私は思います。

とにかく振ることです。振らなければうまくなりません。下手《へた》くそでもいいから振るということが、私たちの魂を磨くことになるのではないかなと思います。

心の出直し

私は身上になったとき、目の前に死という大きな壁が現れて、それまで陰に隠れていた、たいしたことのない自分が出てきました。それまでは結構、自分のことが好きだったのに、大嫌いになり、もう人と会いたくないと思いました。なのに、お見舞いに来られた人に「おめでとうございます。ご守護いただいて良かったですね」と言われると、ニコニコしながら「ありがとうございます」って言っちゃうんですよね。教会長として格好つける私が、「本当に神様のおかげです。ありがとうございます」って。

それで「こりゃいかん」と思って、面会謝絶にしてもらいました。大教会長さんにも「二カ月間、じっくり出直してきます」と言って、家に籠《こ》もりました。心の出直しをしたわけです。やっぱり、一回死なないとダメです。中途半端に死んでいると、変われません。

皆さんのなかに、いますごく充実して生きているって方、どれぐらいおられますか。「もうちょっと、あの人がこうしてくれたら勇めるんだけど」とか、小さいことを考えていませんか。「もっと嫁さんがニコッとしてくれたら、俺もうれしいけど」などと、そのくらいの望みで満足していてはダメですね。

充実して生きるためには、死を意識してください。嫌な言い方かもしれませんが、人間は必ず死にます。口では「出直し」とか言っていますけれども、もっと死を意識しなければ、自分が十分に生きているということは分かりません。二つ一つですから、思いっきり反対側の世界を知らなければ、いま自分がいる世界が見えてこないのです。

命が懸かっている人のそばへ

死を意識するということは、私や、このなかにおられる何人かの方のように、命にかかわる病気を経験した人にしかできないのかというと、そんなことはありません。命を懸けている人、命が懸かっている人のそばへ行ってください。その人と付き合うことです。

苦しいですよ、こっちは元気なんだから。

私がいままでに一番苦しかったおたすけは、十七歳の男の子です。全身にがんが広がったその子に、毎日通っておさづけを取り次がせていただきました。もう髪の毛も抜けて、目も片方取っていて、三回も四回も手術をしたのに治らない。

私は「神様、なんとかしてくれ」と思いながら、一生懸命におさづけを取り次ぎました。あまりにご守護を頂けないので、最後はもう、拍子木を叩《たた》いておつとめをしながら「今日効かなかったら、おつとめをやめますからね」って、神様に脅《おど》しをかけるくらい、一生懸命にやりました。

それなのに、目の前で三分おきぐらいに吐くんですよ。抗がん剤が常注されていますから、吐く物なんて何もないのに吐き気が来るんです。おさづけをして、お話をしていたら、「ちょっと待ってください」と言って、グァーッて吐いて。それでも「学生会はどうだったんですか？　本部はどうだったんですか？」と私に聞いてくる。あのときほど、自分の言葉の軽さが嫌になったことはありません。

もう話すことがない。それでも毎日通いました。そして半年くらいたって、その子は出直していきました。

だけど今回、私が身上になって思ったのは、その子の元へ通った半年間の日々が、自分の力になったということです。

私はその子に「笑っとけよ」って言ったんですもの。いまから考えたら、とんでもないことを、おたすけ人の立場で言っていました。けれども「笑っとけよ」と言った言葉を自分で思い出したとき、「あっ、俺も泣きたいけど、ここはちょっと笑っとこうかな」って思いました。人から言われてするのは嫌だけれども、そうやって自分の言ったことが、もう一回耳から入ってきて、「あいつのために」って思ったら、笑うことができました。

抗がん剤を飲むときも、「副作用がないように、ニコッと笑って、いただきますと言って飲め」って、偉そうに言っていたんです。「じゃあ、自分も実行しなくちゃ」と思いました。おかげで、そんなに強い副作用がなく、今日までおります。そうやって「ありがとうございます。ごちそうさまでした」と、これも毎日飲むたびに、させていただいております。いやぁ、ありがたいなぁ。あの子が私をたすけてくれているんです。

皆さんのなかには若い人もおられますが、お友達で亡くなった人がいるかもしれません。その子は、無駄に死んだわけじゃないんですよ。無駄に死ぬ人は一人もいません。意味を持って出直していかれるんです。その人が生きた意味を、私たち生きている人間が、線にしてつなぐのです。あの子は生きて、私にこれを教えてくれたんだと。

そして、自分が出直す日まで、その子のことを一生思っていたらいい。そうしたら、出直した人がずっと自分の魂の力になってくれて、心を前向きにしてくれると思います。

失敗したとか言わないでください。ご守護が頂けなかったとか言わないでほしいのです。私は反対の立場になったとき、そう思いました。

そんなことは一つもないです。それはやっぱり、私たちの想像力が足りないからです。その子は生きていて良かったはずなんです。生きていて良かったって、最後に思えなかったら、おたすけ人一人でも思わなかったら……。

「若くして亡くなって、かわいそうに」って思っていたら、そのかわいそうな子供の魂はまた、かわいそうで生まれてくるじゃないですか。「おまえは、よう頑張った。偉かった。素晴らしかった」と言って、私たちがきちっと覚えておくことです。

そういう命の懸かった人たちの近くにいると、私たちの魂が揺さぶられて動きだすんですよ。そういう人と関わりなく、緊張感なく生きていると、私たちの心や魂は動きません。なぜかというと、人間の心は自らに癖をつけるからです。自分の癖性分通りに物を見て、名前をつけて、自分に都合のよいように相手をつくっていくという癖が、やっぱりあるのではないかなと、私は思っております。

どんなときも喜びを

皆さんは、毎日が奇跡の日々だと思いませんか。だって、夜寝てから朝起きるまで神様の世界ですから。

たとえば、朝起きたら、前の日のことを覚えているでしょう。人間の出直しも同じことだと思います。出直した後、私たちは何もなくなりますけれども、魂にはちゃんと、やったことが徳として残っていると思うんです。ですから、出直すときはニッコリと出直していく。ニッコリ出直した魂はニッコリ生まれてくる。不足心で出直した魂は、不足心で生まれ替わってくると、そう思うのです。

おぢばに「かえる」ということには、三つの意味があると思います。まず、私たちが元いた生まれた場所、一番落ち着ける場所に「帰る」道筋を、何度も何度も自分でつけるということです。次に、大きな出直し、つまり生まれてから死ぬまでのサイクルも「環《かえ》る」ということですね。それからもう一つ、「変える」という意味があります。おぢばに帰るということは、その都度変える、チェンジするということ。心を変えるチャンスを頂くことができるのです。

皆さんは今日、どんな思いでおぢばに帰られたのか分かりませんが、たぶん一人ひとり違うでしょう。いま、目の前が何も見えなくて、真っ暗になっている方がいるかもしれません。また、バラ色の人生を歩んでいる方がいるかもしれません。いずれも、いまはその時期を生きているのです。大切なのは、どんなときも喜びを持つということです。

よく、たんのうと我慢を間違って使っている方がいますけれども、我慢というのはバンドエイドのようなものですから、必ず剝《は》がれてきます。私は最近、よく見ておりますが、「たんのうさせてもらっています」と言って、ニコッと笑う人は本物だと思います。「私がたんのうしなかったら、誰がたんのうするんですか」などと言う人、絶対それは我慢ですから。お道の言葉の使い方を間違っていると思います。

〝我慢バンドエイド〟をペタンペタンといくら貼《は》っても、何かのきっかけで魂が動いたら、傷口に貼ったバンドエイドなど全部剝がれてしまいます。「俺はなんて人間なんだ」っていう人が出てきます。

ですから、一回バンドエイドを貼るのをやめて、「あぁ、奇跡が毎日起こっている。あぁ、今日も一日ありがとうございました」と言ってお寝《やす》みください。

私は毎晩「良かった探し日記」というのをつけています。病気になってからも続けていますけれども、寝る前に必ず、今日の良かったことを一つ探してから寝るようにしています。

「熱があって、お腹《なか》が痛くて苦しかったけれども、今日は家内が優しい言葉をかけてくれて良かった」「今日の自分の状態は最悪だったけれども、子供が見舞いに来て、汗をかきながらアイスクリームを買ってきてくれて、二口食べられた。ありがとうございました」って。

探せば絶対に見つかります。探そうとしないから見つからないだけです。心は自由ですから。

毎日良かったことを書いていったら、人生にはなんでこんなに良かったことがあるんだろうって思うようになります。身上もその一つです。苦しくて大変かもしれないけれども、身上によって自分を変えることができると思うのです。神様が身上に見せられたということは、そのままだと危ないよ、ということですから。

だから皆さんも、おたすけをして、その人を〝元に戻そう〟などとは思わないでください。身上や事情を頂かれた人は、違う人になってもらったほうがいいんです。せっかくのチャンスなんだから変わってください、どうぞ自分を変えてください、というふうに話していくほうがいいと思います。

今日、私がうれしいのは、ここにこうして立っているのは奇跡なんですよ。こうして皆さんと出会えたのは。だから私は、皆さんに奇跡を頂いているのです。

皆さんも、足をけがしていたら、ここに来られていないし、子供が病気だったら、おばあちゃんが足の骨を折っていたら、来ていないですよね。そんな、おぢばに帰れない理由なんか、二百も三百もつくることができますよ。それを全部はずして、いまここにおられるのです。神様のお働きなくして、どうしてそれができるかっていうことなんです。

ですから、「自分が、自分が」という、自分が主語ではなくて、「神様が」という話を自分の世界の中に一つ持っていたら、また違った世界が見えてくるのではないかと思います。自分がこうしているという世界と、神様が私にこうしろとおっしゃっているという世界との、二つの世界があるのです。この両方のバランスが取れているときは勇めるのではないかな、というふうに思いますし、いろいろなものがまた見えてくるのではないかと思います。

いま私には、皆さんの目がキラキラと輝いて見えていますので、私の気持ちも十分に聴き取っていただけたのではないかと思います。

これから一緒にお道を通るのだから、お道を生きる私たちは同じ星座の星なんです。大星雲です。どうぞ、ピカピカと自分の星を光らせて、同じような人たち、周りにいる人たちと線を結んで、陽気に明るく、前向きに進ませていただけるよう、共々に頑張らせていただけたらうれしいなと思います。

第二章

家族のハーモニー

より豊かに生きるために

熱帯夜が続いたある夏の朝、寝ぼけまなこで起きてきた私は、ちょっとしたドジをしてしまった。愛用の短パンを前後反対にはいてトイレに行ってしまったのだ。

いつも何げなく身につけている短パンの後ろ姿を、初めてまじまじと見る機会に恵まれたわけだ。「へぇ〜、こんなふうになってるんだなぁ」。用を足すには不便だったが、妙に感心してしまって、なんだか楽しい気分になった。そして、ふと思ったのである。普段、私たちは自分の表側、言い換えれば他人に見せたり、認められたりしている部分だけを、「これが自分だ」と思い込んでいることが多いのではないかなと。

誰でも鏡に映った自分の姿は簡単に見ることができるが、自分の後ろ姿（裏側）を見ることはめったにない。しかし、人生の意味を本当に深く知るためには、時には自らの視点や姿勢を変えて、いろいろな角度から自分の生きざまを見てみることも必要かもしれない。

たとえば、病気にかかったときや、さまざまな人間関係のトラブルに巻き込まれたときなど、それまで気づかなかった自分自身の生き方や、自分の心の裏側に潜んでいた〝もう一人の自分〟の存在に直面することがある。そして、悩み苦しむ。

そのとき、自分の裏側を見ることは都合の悪いことのように思ってしまうが、むしろそのことが、より豊かな人生を送るきっかけになる場合が多いのだ。

表にたくさん光を浴びているとき、裏に濃い影ができることは、バブルの時代の反動が強く表れたことからも、分かりやすいことだと思う。家族という一つの単位を考えても、同じことが言える。

あるとき、周囲の誰からもうらやましがられる環境の家族の中で、一人の子供が登校拒否を起こした。私はその家族の面接に当たった。

当初、ご両親は「いままであの子のために良かれと思って頑張ってきたのに……」「だいたい、学校の対応が悪くて……」「悪い友達と遊ぶようになってから性格が変わってしまいました」などと、自分たちの子育ての正当化や、子供の問題をつくった〝犯人探し〟に一生懸命だった。

しかし面接を通して、子供の心の奥深くにある思いがけない苦しみに気づいたり、初めて親子が本音でぶつかり合ったりしながら、家族が一つになって問題を乗り越えていく過程のなかで、こんな言葉が出てくるようになったのだ。

「今回は子供のおかげで本当に勉強になりました。見落としていた自分たちの人生の落とし穴に気づかせてくれたのは、あの子です。いまでは、いろいろなことを教えてくれた子供に心から感謝しています」

家族の不幸の犯人（影）だと思っていた子供が、実は家族の恩人（光）だったわけである。

一つの家族が知らない間につくり出している暗い影の部分を、一番敏感な感性を持った子が背負っていることは、どこの家にもあり得ることだ。ほかの家族の影まで抱えて身動きがとれなくなっている人の存在に気づける心を持てたとき、その家族は、以前よりも明るく豊かで柔らかに成長できるのではないだろうか。

「おかげさまで」という美しい日本語がある。確かに、自分たちの裏側には暗い「影」があるかもしれない。しかしその影を見るとき、人はまた、もう一つの「陰」、つまり、自分自身を目に見えない力で常に支えてくれている大きな「おかげ」の存在にも気づくことができるのではないだろうか。

病気やトラブルなど、苦しいときほどたくさんの「おかげ」を見つけて〝感謝の心〟を生み出し、それを〝乗り越える力〟に変えていくことが大切だと思う。

〝ちょうどいい〟という幸せ

以前テレビで、ある有名なアナウンサーがインタビューを受けているのを見た。その人がまだ駆け出しのころ、プロ野球の実況中継をやりたくて研修を受けていたときの話になり、こんな失敗談を披露していた。

試合の実況の練習中に、バッターが〝カーン〟といい音を立ててボールを高々と打ち上げた。思わず「打ちました！　大きい当たり」と叫んだのだが、ボールが落ちてきたのはピッチャーのグローブの中だった。「すみません」と謝る彼に、横についていた先輩アナウンサーはこう言ったという。

「ボールが高く上がったら、ボールばかりを見ていてはだめだよ。下を見るんだ。選手の動きを見ていたら、ボールの落ちるところが分かる。ボールはグローブを構えた人のところに落ちてくるんだから」

家族問題の相談の現場でも、これによく似たことがある。誰かが問題を起こしたとき、悪いのは本人だけで、当人さえ変わればまるく治まると考える。一見、正しいように思うが、これはちょうど、打ち上がったボールだけを見ているようなもの。大切なのは「下の動きを見る」こと、つまり「問題が起こったら、周囲の人たちの動きを見ろ」ということだ。

誰かが家族の外に〝打ち上がって〟しまったら、その人が再び家族の中に収まるための場所をつくらねばならない。下りる場所がなければ、ボール（人）

はずっと打ち上がったままである。

しかし、この〝場所づくり〟が結構むずかしい。なぜなら、問題を起こした人以外の家族はみな〝いい人〟である場合が多いからだ。「私たちのどこが悪いと言うんですか。本人さえ、ちゃんとしてくれればいいんです!」「なぜ私たちが変わらなきゃいけないんですか」。いい人で固まっている家族に〝悪い?〟問題児の帰る場所はできにくい。

「せめてあの子が前向きな姿を見せてくれたら、私たちだって考えますよ」。相手が変われば私も変わる――そんなやりとりをいくらしても、らちはあかない。それどころか〝せめてもう少し〟と相手に求める欲の心は、お互いの心を深く傷つける。相手に対する不足の心は新たな不足を生み、それがまた相手を責める心に変わっていくのだ。実際に問題が起こった家族では、お互いに根深い被害者意識を持ち合っていることが多い。

しかし、高い球は勝手に上がったのではない。その家族が、誰か悪者をつくらないと安定できないという、片寄ったバランスにあるときに問題児が打ち上げられる、ということも忘れてはならない。さもなければ、その人が、家族の中での居場所を完全になくしてしまうことにもなりかねない。

家族とは、神様がそれぞれの組み合わせをじっくりとお考えになってつくられたものである。「この子さえ問題を起こさなかったら」「この人さえいなかったら」という世界はあり得ない。その家に不必要で無意味な人間など、決していない。すべてが〝ちょうどよく〟できているのだ。

親子、夫婦、兄弟姉妹、嫁姑《しゅうとめ》……よく見ると、本当にバランスの取れた組み合わせになっている。無口な人にはおしゃべりの人が、竹を割ったような性格の人には、割れた竹を一生懸命に閉じ合わせようとする性格の人が、〝ちょうどよく〟そばについているものだ。

問題児に対して、「この子がいてくれて、いまのわが家はちょうどいい」と認めることから始めるのは、むずかしいことかもしれない。しかし家族の問題は、〝もっと豊かで柔らかく、力強い家族に成長するように〟と、神様から出された〝宿題〟なのだ。「本当に神様のなさることとは」と、多少苦笑いをしながらでも、家族みんなで協力し合って、その宿題の答えを探していくことだ。小さなことからでも毎日、喜びと感謝の心を積み重ねていきながら……。

人生の登り坂と下り坂

最近、ある登山家の本を読んでいたら興味深いことが書いてあった。「登山では、頂上を目指して登っているときよりも、下山するときのほうが遭難の危険性が高い」というのである。

その理由として、登山後の体力の消耗《しょうもう》が、本人が感じているよりも激しいことや、登頂という目的達成の後の心のゆるみや虚脱感、それに加えて、山頂から見た下界の見晴らしの良さに錯覚して距離感を失い、思うように歩が進まないことに精神的な疲労が倍増してくることなどが挙げられていた。

登山の初心者ほど、下山の道を見失ったときにパニック状態になりやすく、落ち着きなく道を探して歩きまわるうちに、体力の消耗を早めてしまうそうである。

たしかに、人は何かの目標を達成した後や、大きな失敗や苦しみを経験したときなどに、自分の生き方を見失ったり、焦って行動したことがマイナスに働いて、にっちもさっちもいかなくなったりすることがある。

たとえば、仕事一筋で定年を迎えて、何をしていいのか分からず抜け殻のようになってしまった人、念願のマイホームを持ってホッとした途端に、子供が登校拒否や家庭内暴力を始めて途方に暮れている夫婦、健康だった体に思いがけない大病を患った人など、それまで上に向かって登ることばかりを心の支えに頑張ってきた人が、その登った距離の分だけ、自分の心を見つめ直しながら坂道を下りなければならないことがある。そんなとき、苦しまぎれにあわてて行動すると、状況が悪化する場合が多い。

ベテランの登山家によると、雪山などで道を見失ったときは、まず雪洞やテントの中で休養をとり、心身の回復を図ることが大切らしい。気力が戻って落ち着いてから周囲を見回すと、思いがけないほど近くに、正しい道を見つけることも多いのだそうだ。

登ることに比べたら、一見、楽なように見える下りが実は大変なのである。人生の節々のなかで、誰もが自分自身の下り坂に正面から向き合わねばならない時期を必ず迎える。そのときは、一歩を踏み出す前にゆっくり深呼吸をして、心と体の休養を図り、そのうえで一緒に道を下ってくれる人と素直に話し合い、

呼吸を合わせて、周囲の状況や景色に心を配りながら歩を進めることが大切だ。小さなプライドを捨てて、決して一人で意気込まず、自分自身を孤独に追い込まないことである。

最近の青少年事件の悲しくつらい報道を耳にするたびに、上に向かって道を進むことしか学んでこなかった子供が、道の下り方が分からずに荒れているような気がして仕方ない。——自分自身の小さなプライドにしがみつき、自分を認めてくれない周囲に苛立《いらだ》ち、強い孤独感や根深い被害者意識にさいなまれて、事件を起こすまで自らの心を追い詰めていくのであろう。

「忍耐とは希望を持つ技術であり、希望のない忍耐は無意味である」という言葉がある。苦しいときほど希望を探し、喜びを探すことが自らの力を高めていくのだと信じたい。彼らの心の中に、明るく前向きな「希望」という言葉は存在していたのだろうか?

私事ではあるが、一年半前に思いがけない病気の診断により手術を受け、今年の四月に二度目の手術を受けて、現在療養中である。出来上がった人間ではないので、時に不安を感じたり心を乱したりすることもあるのが正直なところだ。しかし逆に、病を頂いた今ほど親神様、教祖を身近に感じられることはないし、周りで自分を支えてくださる人たちへの感謝の思いを強く実感している。自分自身、まだ下り坂の途中であるが、ひたすらに上を目指して登っていたときには気づかなかったことも、たくさん見せていただいている。

「登り坂と下り坂」。人はいつも道の途中にある。これもまた、神様の広く温かいお計らいに違いない。

心の絆を強めるために

子供たちとプロ野球観戦に行ったときのこと。応援するチームにスタンドのあちこちから、「気合を入れろ！」「やる気を出せ！」と威勢のいい声が上がる。結果としてひいきの投手が打ち込まれたり、打者が凡退したりすると、「気合が足りないぞ！」と、可愛《かわい》さ余って（？）の野次《やじ》が飛び交う。

早い話、「結果良ければすべて良し」の世界なのだが、同じことが家庭の中でも、よく見られる。たとえば、子供の勉強やスポーツなどに、親が熱心に手出し口出しをして、それこそ「気合」が入っている家がある。しかし、こんなところに限って案外、当の子供は疲れて気合が抜けた顔をしていることが多い。なぜなら、結果の如何《いかん》に心が追い詰められているからである。

「気合が入る」ということは、言い換えれば「そのことに集中する」ことだ。ところが周囲の気合（期待や欲？）が強すぎると、当人に「余計な緊張を強《し》いる」ことになりやすい。集中力はその人の実力だけでなく、隠れた力をも引き出すことがあるが、過度の緊張は普段の力まで出せなくしてしまう。

この「集中」と「緊張」の違いは、物事に対する想像力（イマジネーション）によるのではないだろうか。たとえば「この試験に落ちたらどうしよう」「ここで三振したら、みんなに怒られるだろうなぁ」と思うか、「よぉーし、この試験のために頑張ってきたんだから精いっぱいやるぞ！」「ここでヒットを打ったら気持ちいいだろうな。一発狙《ねら》うぞ！」と思うかで、その子の表情や態度はまったく違ったものになるだろう。

同じ状況のなかで、先を案じる心を使うか、それとも先を楽しむ心を使うかは、それぞれの自由にまかされている。しかし、気をつけねばならないのは、周囲の人間の生き方や考え方が、その人の心の使い方に大きく影響しやすいということである。

家族や周囲が、時にはケンカや失敗があっても、明るく陽気に語り合い支え合う雰囲気を持っているか、それとも愚痴《ぐち》や不足を言い合い、暗くて陰気な会話ばかりしているか。この違いが人の成長とその方向を決めていく場合も多い。

最近は夢のない子供が増えた、と大人は嘆くが、子供たちは決して夢をなくしてしまったのではない。自分のことしか考えなかったり、したり顔で説教ばかりする大人が増え、子供と夢の話を共有して、心の持つ力を一緒に膨らませてくれる大人の絶対数が減っているのである。

いまの社会の一番の問題は、人と人との心の絆《きずな》の弱まりにある。家族も含めた人間関係に大きな歪《ゆが》みが出ていることは、昨今のさまざまな事件が証明している。若者がよく口にする「キレる」という言葉は、心の絆の切断を意味しているように思えてならない。子供たちの心の絆はいろいろな要因によって傷み、切れやすくなっているのだ。

この絆の修復には、時間はかかるが、まず一対一の関係のなかで「じっくりと相手の言葉に耳を傾けて」「相手の思いを感じ取る」練習を積み重ねていくことが大切だ。相手の言葉の先取りをして得々としたり、話を漫然と「聞く」のではなく、心を集中して相手の話を「聴く」ことだ。

「うちの子はちっとも自分のことを話さない」「何を考えているのか、さっぱり分からない」と、相談に来られる親御さんが多いが、実際にその子としばらく付き合ってみると、魅力的で面白い話をたくさんしてくれるようになるから不思議である。

何も言わない子のそばには、必ずしゃべりすぎる人がいる。その子の心の内側に広がる世界にもっと耳を傾け、表現しようとしていることを邪魔しないことである。

人の出会いは、すべて神様のお計らい。目には見えないが互いの間にある絆を、しっかり見つけて強めていくことが大切だ。そのときにも、強い集中力と豊かな想像力は心の道具として必要不可欠なものなのである。

心の「癒やし」とは?

「疲れちゃったねぇ、なんか癒《い》やされたいねぇ……」

「うん、私も癒やされたいよ……」

先日乗り合わせた電車の中で聞いた今風女子高生同士の会話。横で聞いていて、「お疲れさまだね……」としみじみ声をかけたくなってしまった。

そう言えば最近、街のあちこちに「癒やし」という言葉が目立つようになった。本屋に入れば「心の癒やし」コーナーなどに、たくさん本が並んでいるし、ＣＤ屋さんにも「心を癒やすヒーリングコーナー」なるものがあり、小鳥のさえずりや小川のせせらぎ、風や波の音などが収録されたＣＤが置かれていて、売れ行きを伸ばしている。

ほかにも、香りが出るロウソクや入浴剤、旅行のパンフレットや飲食物にも「癒やし」をうたい文句にした商品が数多く出回っている。ある知人などは、「癒やしといえば温泉！」とばかりに温泉巡りツアーに出かけ、頑張って（？）風呂に入り続けた揚げ句、湯あたりして疲れて帰ってきたという笑えない〝癒やし体験〟をしたそうだ。

とにもかくにも「癒やし」という言葉が流行し、「癒やし」グッズがそれだけ売れるということは、「癒やされたい」と思っている人が世の中にたくさんいるということだろう。

たしかにいまの社会は、人が心にゆとりを持って生きにくい状況にあるようだ。「人間がもっと豊かに、便利に、そして幸せに暮らせるため」を合言葉に、生み出される新製品の数々。内容や質を吟味する間もないほど次々にマスコミなどから流れ出す膨大な量の情報に、逆に人間が縛られ、追い立てられ、踊らされている感もある。その揚げ句、疲労し傷ついた心の「癒やし」をさまざまなものに求めているとすれば、まったく皮肉なことだ。

疲れた心を持つ大人が多い社会に、心を疲れさせた子供たちが増えるのは、至極当然のことである。正体不明の慢性的な疲労感は、人の心から生きるエネルギーまで奪い取っていく。自分自身の生きている意味さえ見失い、優しさや癒やしを求めて苛立《いらだ》った行動をとる子もいれば、自分だけの世界に閉じこもっていくしかできない子もいるだろう。

そんな子供たちの心は、お金や品物、機械や法律などでは決して「癒やす」

ことはできない。手間暇をかけようとせず、合理的で手っ取り早く解決しようとばかりする大人たちのずるさや怪しさに、子供たちの心は敏感に反応し、警戒するからである。

私は病気を頂いて、この二年間で二回の手術を受けた。入院中、点滴のチューブをつけられた自分の身体《からだ》を持て余してベッドに横になっていたときのこと。お見舞いに頂いたきれいな花を何げなく手にとってじっくり眺めていたら、涙がポロポロこぼれてきた。花の一本一本、花びらの一枚一枚から命の輝きが感じられて本当に美しく、愛《いと》おしくて仕方ないのだ。

恥ずかしい話だが、それまで「花の形」を見て「きれいだな」と思うことはあっても、生きている「花の命」をまじまじと観《み》たことがなかったのである。

忙しさのなかで知らぬ間に傷つき、見失いかけていた自分自身の心が、優しく「癒やされ」ていく実感があった。

高価な本やＣＤを買わなくても、空の青さや新鮮な空気、山々の景色、草花の色、家族や友人の優しい言葉かけや笑顔など、〝癒やしグッズ〟は私たちの身近に、いつでも数限りなく存在している。それらはすべて、神様から人間に与えられた、深く優しい思召《おぼしめし》なのだが、その思いに気づくか気づかないかは、一人ひとりの心の自由にまかされていることなのである。

家族の「記念日」をつくろう!

「おまえ、チョコレート何個もらった?」

「誰からもらった?」

毎年二月十四日はご存じのように「バレンタインデー」。女性が好きな男性にチョコレートを贈って、愛の告白をする日だ。今年もこの日が近くなると、どこのお菓子売り場もチョコレートが山積みになって大盛況だった。

「本命チョコ」だけでなく、そんなに好きでもない上司や夫(?)に贈るための「義理チョコ」なるものも手ごろな値段で大売り出し。一カ月後には「ホワイトデー」というチョコのお返しキャンペーンが開催され、勘違いも含めて(?)たくさんの男の人が店に並ぶのである。お菓子メーカーにしてみれば、この時期だけで年間収益の四割を売り上げる、自社の存亡をかけた闘いだそうだ。

たしかバレンタインデーは、兵士同士の自由結婚禁止政策に反対したバレンタイン司教がローマ皇帝から死刑に処された日をしのんで、ヨーロッパで始められた記念日だったと思う。当のバレンタインさんにしてみれば、自分のいわば命日に、この日のいわれも知らない日本の男女が、愛を語るならまだしも、「もう、毎年お金がかかって大変!」などとグチっている姿に、さぞかし複雑な心境だろう。

ほかにも最近、いやに「〇〇の日」という記念日が多いような気がして調べてみた。「耳の日」「瞳《ひとみ》の日」「歯の日」から、「風邪の日」「頭痛の日」、「天ぷらの日」に「アンパンの日」「煮干しの日」、さらには「爪《つめ》切りの日」などなど、いつから決まったの？　と聞きたくなるような名前がめじろ押し。完全に〝早く制定した者勝ち状態〟である。

数年前に亡くなった映画評論家の淀川長治《よどがわながはる》さんは、誕生日に友人からお祝いに誘われると、いつもこう断ったという。

「私は自分の誕生日は母と一緒に過ごします。もう亡くなって、そばにはいないけれども、この日一日は母のことだけを想《おも》い、母に心から感謝する日にしたいのです」

淀川さんにとって、誕生日は母親とのかけがえのない思い出の記念日だったのだ。

　このような心のこもった記念日が人生のなかにたくさんあったら、とても素《す》敵《てき》なことだと思う。本当の記念日は外側から与えられるものではなく、自分の心の内側から創《つく》り出していかなければ意味がない。大切なのはカレンダーの日付ではなく、その日が自分の人生のなかで意味することを心でじっくり嚙《か》みしめ、味わうことなのだと思う。

　できれば一度、家族でわが家の年表をつくって、話し合ってみると面白いかもしれない。結婚、誕生、家族旅行、受験、病気、親しい人との別れなど、家族で経験してきた出来事に、それぞれがいろいろな思いを持って生きてきたはずだ。うれしい思い出も悲しい思い出も全部含めて、いまの家族が成り立っていることを忘れてはならないと思う。

15
16
17
22
23
24

めいめいが自分勝手な考え方にとらわれたり、忙しさにかまけて、たくさんの記念日の積み重ねのなかに生きていることに鈍感になったとき、家族の絆《きずな》が弱くなっていくのではないだろうか。

「そんな過去のことを振り返っても……」という人もいるが、きちんと正面から過去を見据えられない人に、いまの自分の姿は見えにくいし、これからの未来も開けていくはずはない。過去、現在、未来と三つがそろった時間の流れこそが、私たちの「いのち」そのものなのだから。

人間の本当の生きる喜びは、感謝の心からしか生まれてこないものだ。家族が力を合わせて「感謝の記念日」をたくさん創っていくことが、真実の幸せに向かう道なのだと思う。

「フツー」ってなに？

「普通にもいろいろな普通があるものだ」と思う。犬も食わないと昔からいわれる夫婦げんかの仲裁に入ったときのこと。結婚三年目のその夫婦は、交際の始めから新婚時代まで、仲の良いことで有名だったそうだ。ところが……。

「先生、聞いてくださいよ。この人フツーじゃないんです」

「いーや、おまえのほうがおかしい。絶対フツーじゃない」

このやりとりから始まって、お互いの言い分は、いくら話しても噛《か》み合わない。たまりかねて「じゃあ、相手のどんなところが普通じゃないんですか？」

と尋ねてみたら、

「この人、どんな料理にもマヨネーズをつけるし、お醤油《しょうゆ》とかソースだって、フツーじゃないくらい、いっぱいかけるんですよ！」

「おまえだって、歯磨き粉のチューブを下からきれいに押して出さないじゃないか！　次に使う者が迷惑だろ！　常識がないんだから」

と、聞いているこちらまで「そんなことでフツー、ここまでケンカしないでしょ！」と「フツー」がうつってしまった。

どうも「フツー」という言葉は、自分に都合よく使われることが多いようだ。

考えてみれば、夫婦といってもまったく違う環境に育った者同士、生活習慣や物事の考え方が違って当たり前である。「たとえ親子、夫婦、兄弟であっても、一人ひとり心は違う」という基本を忘れてはいけないのだ。

自分と違うところに惹《ひ》かれ合ったはずの二人が、お互いの違いばかりに目を向けて喜べなくなったり、相手を自分に合わせようとやっきになったりするとき、さまざまなもめ事が起こってくる。

「フツー」という言葉を使うときには、その前提として他者との比較が行われているはずだ。「誰々に比べて」「どこどこの家に比べて」というふうにである。

しかし、他人との比較のなかで自分の価値を決めようとすると、目先の小さな競争や評価が気になり、かえって心のゆとりをなくし、自分自身の心をふらつかせ迷わせやすい。「フツー」を目指すことは、何かを増やしていくことよりも、自分自身の大切な何かをなくしていくことのほうが多いのだ。

かつて面接した不登校児のAくんは、人一倍優しく、相手の気持ちになって物事を深く考え、素直な言葉で自分を表現できる、人間的にとても魅力のある子だった。

しかし、彼のお母さんの望みは、

「先生、私は多くは望んでないんです。あの子が普通の子らと同じように、普通に学校に行って、普通に勉強して、普通に進学して、普通の大人になってくればいいんです」

というものだった。

私はお母さんに問い直した。

「お母さん、親としての気持ちは十分に分かりますけど、それはいまのAくんの長所や特徴を全部削《そ》ぎ取って、何もない子になってほしいということですよ。それがAくんの幸せにつながるのですか？」

個性

たとえ不登校の子が学校へ行くようになったとしても、その子が人間的に貧しくなってしまっては、なんにもならないと思う。よく人は「フツーの子」と言うが、文字通りの「フツーの子」に出会ったことは、私はいままでに一度もない。みんな一人ひとりが特別な子なのである。

「フツー」という言葉に心を奪われて、他人と比べることで自分自身の心の特性を引いたり削ったりするのではなく、自分と他人との心の違いを楽しみ、足りないところを補い合い、足し合い、掛け合ったりしながら、人として豊かに生きる道を探っていきたいものである。

言葉が伝えていくもの

まだ子供たちが幼かったある日のこと。キャンプのまね事をして、飯盒《はんごう》でご飯を炊いて食べようということになった。何年ぶりか思い出せないくらい久しぶりのことだった。火加減をみているうちに、誰から教《おそ》わったのかは忘れたが、

「飯炊きは　はじめチョロチョロ　中《なか》パッパ　ふいてののちは火を弱め　赤子泣くともフタ取るな」という言葉が、自然に口をついて出てきた。

「なにそれ?」と、子供たちは最初笑っていたが、そのうちに覚えてしまって、一緒に歌いながら楽しくご飯を炊いたことを思い出す。頭で覚えた言葉はすぐ

に忘れてしまうものだが、経験と結びついた言葉は身について忘れないもののようだ。

実際、あれから十年はたった先日、同じように「はじめチョロチョロ……」と口にしながら飯盒でご飯を炊いている息子の姿を見たときには笑ってしまった。

そういえば、私の母はいろいろな場面で、よくことわざを口にする。思春期のころは、説教くさくて煩《わずら》わしく感じたこともあるが、いつの間にか心に残っている言葉も多い。

「『聞くは一時の恥　聞かぬは一生の恥』。分からないことは、そのときにちゃんと聞いておかなければ、あとできつい思いをするよ」「努力する態度を忘れてはいけない。『玉磨かざれば光なし』と言うよ」「自分のしたことを自慢するのは『手前味噌《てまえみそ》』でみっともないから気をつけなさい」などなど、これがまた本当に絶妙のタイミングで言うものだから、いつも参ってしまう。

先日、テレビでことわざの特集をやっていて、いまの若い人たち（といっても四十代の人まで含まれていたが）が、いかにことわざを誤って理解しているかが面白おかしくニュースになっていた。

たとえば、「情けは人のためならず」の意味は、本来「人に情けをかけることは巡り巡って自分のためになる」ということなのだが、半数近くの人が「その人のためにならないから情けをかけたり親切にしたりしないほうがいい」ととらえていて、驚いてしまった。また、「かわいい子には旅をさせよ」という言葉も、本来の厳しいしつけの意味を離れて、まだなにも分からないような幼い子を連れて一緒に海外旅行することのように考えているパパ、ママもたくさんいたようである。

ことわざに限らず、長い時間のなかで生き残ってきた言葉というのは、真実を含んだ力強いものに違いない。先人たちが大切に守り続けてきた言葉は、それだけでも、のちの世代に大事に伝えていくべきものだし、そのための勉強も、自らの経験も必要である。言葉が貧しい家庭や社会に、言葉が豊かな子供や文化は育ちにくいはずだ。

いまはもう亡くなってしまったが、私の大好きだったあるおばあちゃんの口癖は「成ってくるのが天の理（目の前に起こることは、すべて神様の思召《おぼしめし》）」だった。長年苦労に苦労を重ねて、自分の贅沢《ぜいたく》など何一つ考えない人だったが、

未熟な新米会長だった私に「成ってくるのが天の理ですよ」と、どんなときでもニコッと笑って元気づけてくれたことは、いまでもかけがえのない心の財産になっている。

すべてが便利になって合理化が進んできたこの時代、軽くて浅いその場限りの言葉が携帯電話のメールなどを通して乱れ飛んでいるが、果たして子供たちの世代に、どれだけ自分自身の生き生きとした言葉を伝えていくことができるのかと考えてみると、少し寒々しい気もする。

生きた言葉をたくさん身につけるためには、まずお互いが相手の言葉を大事にし、自らの心でしっかりと聴き取っていくことだ。中身のある楽しい会話は、いつも聞き手の態度が創《つく》るものなのである。

家族という名の星座

私の弟は時々、一人で星を眺めに出かけていく。聞けば、冬に観《み》る星が一番きれいに輝いていて好きだそうだ。特に深々《しんしん》と冷え込んだ夜は、空気がピーンと張りつめて、星たちの光り方が違うそうである。

正直、寒い冬にわざわざ寝袋持参でご苦労なことだと思っていたのだが、最近、リバイバルで流行《はや》った坂本九《さかもときゅう》さんの「見上げてごらん夜の星を」を聴いて妙に感動して以来、私も時たま、そっと夜空を見上げるようになった（もちろん室内からだが）。

まぁなんと影響されやすい性格かと、苦笑しながらでも観る夜の星々は、形や大小、光の強弱など一つひとつに個性があって、確かに見飽きないものである。特に冬の夜空にはたくさんの一等星が現れて、オリオン座などの星座を美しく輝かせている。

それにしても、一見バラバラに見える星々を見えない線でつないで、さそり座や北斗七星など、ロマンチックな名前をつけた人たちは、素晴らしい感性の持ち主に違いないと、あらためて感心してしまう。

以前、シンナーの吸引や家出を繰り返すので、親から相談を受けていたある高校生は、「家でも学校でも、俺《おれ》には居場所がない。誰からも必要になんかされてないし、かえって邪魔だと思われてるよ」と、よく話していた。当時放映中の学園もののテレビドラマの話題になったとき、ドラマの中で熱血教師が生徒に向かっていつも口にする「一番星になれ！」というセリフに、「そんなに簡単になれたら苦労しないいっちゅうの！　俺はハズレ星なんだよ、先生。それか、ただの星クズかもね」と皮肉《ひにく》りながら寂しそうに笑っていた表情が、いまでも心に残っている。

またある子は、両親はじめ周囲の大人たちの期待を一身に背負い、趣味や友達付き合いも一切犠牲にして勉強に没頭し、一流校に合格したにもかかわらず、不登校と引きこもりの状態になってしまった。

「いつも自分は、いい子でピカピカに光っていなくちゃいけなかった。でも、もう疲れちゃったんです。みんなの期待が重くて苦しい」

「いまは自分の生きてきた意味も、生きている意味も、生きていく意味も分か

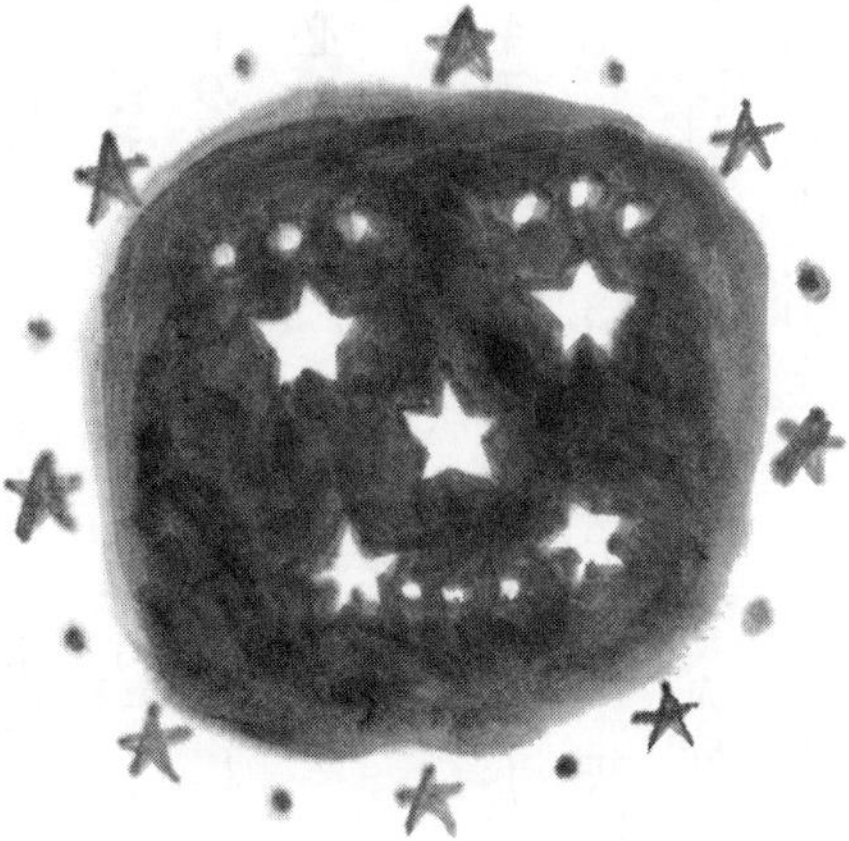

らない。学校に行く行かないの問題じゃないと言っても、誰も分かってくれない。僕の言うことが、まるで宇宙人の言葉のように、みんなが不思議そうな顔をする。それがたまらないんです」

その子の深く傷ついた心が癒《い》やされ、立ち直っていくまでには、長くつらい時間が必要だった。

キラキラ輝く「一等星」のような子でも、自らを「ハズレ星」と名づけて輝きをなくしてしまっている子でも、共に危険なのは、周囲の誰もが気づかないうちに、「自分のことなど、誰一人分かってくれない」という孤独感が、その子の内面で徐々に力を増しているときだ。人が生きていくうえで常に必要なエネルギーは、誰かと自分はしっかりつながっている、いつも見守られているという、心の一番底にある信頼感や安心感なのである。

一つひとつの家族は星座に似ている。たとえ親子、夫婦、兄弟といっても、みな人間としての個性や心の使い方は別々だ。その一見バラバラの個性がつながり合って一つの家族（星座）を形作るところに、大きな深い意味がある。

一つの星だけに気を取られずに全体を見つめることで、星座としてのつながりが浮かんで見えてくるように、時には自分の家族も広い視野から眺めてみることが大切だ。家族の一人ひとりが、互いを結ぶ見えない線を心で感じ取れなくなったとき、その大切な「絆《きずな》」の存在を強めるべく、神様の思いが何らかの問題としてその家族に現れるのではないかと、最近つくづく感じている。

笑顔の処方箋

人は誰しも、いつも笑顔で幸せに生きていたいと思うものだ。しかし、そうはいかないことが多いのも、これまた人生である。たとえば、突然の病気や家族の問題などに直面したときに、「大変だね。頑張ってね」という周囲の慰めや励ましの言葉さえも、かえってつらく感じたり、腹立たしく思ったりしてしまうことがある。渋い顔や苦しい顔をするより、笑っていたほうが自分にも周囲にも良いと頭では分かっているのだが、実行するのはむずかしい。

以前、知人が重い病気になり、体の回復と平癒《へいゆ》を神様にお願いするために毎日病院に通っていたときのこと。四人部屋の同室の患者さんに、とっつきにくい感じのAさんがいた。Aさんは、大きな手術を繰り返し、体中を包帯で巻かれ、車いすでなんとか移動できる状態だった。私が知人と話し始めると、いかにも迷惑そうに咳《せき》ばらいをしたり、ラジオのボリュームを上げたりした。あいさつをしても、無視されるか、にらまれるかするので、正直、苦手だった。

ある日、たまたま三歳の息子を連れて病院を訪ねた。知人と話していてふと気がつくと、息子がAさんのところへ行き、「おじちゃん、どうしていっぱい白いの（包帯のこと）してるの?」「どうしてアンヨしないの?」と話しかけている。〝しまった!〟と、冷や汗をかいて振り向くと……。

「これはね、おじちゃんの体の中に悪い病気の虫が入って、大きくなったからチョキンて切ったんだ」

「いっぱい痛かった？」

「痛かったよ！　だけど頑張ったよ。いまね、歩く練習してるんだよ」

Aさんは息子に、こう話してくれていた。そして「おじちゃん、ガンバってね！」と言う息子に、「うん、ありがとう。頑張るよ」と、ニコッと笑って応えてくれた。

「子供が失礼しました」と謝る私にも、「いえいえ、あんなふうに無防備に笑いかけられたら参りますね。私も久しぶりにいい気分になりました。実は、自分の身体《からだ》のことで毎日イライラしてばかりいたんです。人に八つ当たりしても同じってことは分かってるんですけどね。自分でもどうしようもなくて」と、初めて笑顔で話してくれた。

私は、それまで先入観をもってAさんを見ていた自分を恥じた。〝下手《へた》に関わって嫌な思いをしたくない〟と防備して、とっつきにくい人だと決め込んでいたのだ。病む人に対する「素直さ」も「優しさ」も欠けていたことを、息子を通して神様から教《おそ》わった気がして、心から反省し、感謝した。

「ほほ笑みを忘れた人ほど、それを必要としている人はいない」という言葉がある。Aさんは、決して笑える心や笑顔をなくしてしまっていたのではなく、笑顔を出すタイミングを失っていただけなのだ。

いまアメリカでは、「コンパニオンドッグ」という、患者に忠実に寄り添う訓練を受けた犬が活躍しているそうだ。患者が病気の治療や介護など他人から世話をされるだけでなく、自らが愛情を与えたり、世話をしたりする対象を持

SHOHŌSEN
YOROKOBENAI TOKINO KUSURI.
1NICHI NANDO DEMO.
EGAO Ⓐ
EGAO Ⓑ

つことで、人間が本来持っている自己治癒力を高めていくことができるという研究結果が出ているそうである。

そういえば、私にもこんな覚えがある。以前、手術を受けて退院した後、同じ敷地に住む甥《おい》っ子が歩き始めたころで、リハビリを兼ねて毎日のように一緒に散歩した。かわいい小さな手をつないで、それこそお互いおぼつかない足取りで、「♪歩こう　歩こう　僕らは元気！」と、テレビの子供番組の曲を二人で歌いながら歩くとき、心の中から自然に力が湧《わ》いてきたものだった。

いまでも親バカならぬ「伯父《おじ》バカ」状態なのだが、甥っ子の屈託のない素直な笑顔は、心身ともに弱っていた私を救ってくれた〝処方箋《しょほうせん》〟だったと思っている。

言葉の代わりに……

Aくんは小学五年生の男の子で、不登校の状態が一年以上続いていた。週に一度の面接のとき、彼は必ず、自作のスゴロクを持参した。最初にそのスゴロクを見たときは驚いた。スタートからゴールまでの百個以上のマス目一つひとつに、文字がびっしり書き並べられていて、なかなか先へ進むことができないのだ。

私と彼とが交互にサイコロを振るのだが、目の数だけコマを進めると、「二回休憩！」「三マス戻る！」「目をつぶって五分間黙る！」など、どのマス目も停滞と後退の繰り返しで、やっと半分進んだと思うと、またスタートに戻ってしまう。

「Aくん、これじゃ、いつまでたっても上がれないよ」と嘆く私に、彼はほほ笑みながら、毎回新しい「上がれないスゴロク」を持ってきては、サイコロを振り始めるのだった。正直、「上がれないスゴロク」は、私にとってシンドイものだった。常に中途半端な形で終わるので、心は落ち着かないし、精神的にも疲れる。それでも彼が、ここまでこだわるのには訳があるはずだと、およそ半年間、気長に（といっても実は必死の思いで）付き合っていた。

そしてある日、ふと気がついた。このスゴロクをしているときに感じる苦しさは、何日もかけて、ひたすらこれを作っているAくんからの言葉にできない私宛《あ》てのメッセージなのだ、心の中のいろいろな思いが邪魔をして前になかなか進めない苦しさを、スゴロクに託して、ＳＯＳを発信していたのだと、心にピーンと響いたのである。

以後、私はスゴロクの上がりにこだわることなく、彼の気持ちを大切に受けとめて楽しむことができるようになり、それと同時に、彼も少しずつ変化を見せ始めた。

やがて、スゴロクに空白のマス目が現れ、その数がだんだん増えて、「三マス前に進む」「ボーナスチャンス！　サイコロの目の数だけ進む」などの前進マスが出てくるようになった。そしてついに、二人ともゴールインできるようになり、それからしばらくして、彼は学校に通い始めたのである。

あるとき、対人恐怖症と診断された中学生の女の子が、こう話してくれたこ

133　言葉の代わりに……

とがある。

「私が話せば話すほど、周りの人たちは誤解するの。何もしゃべらずに黙っていようと何度も思ったけれども、周りはそれも許してくれない。言葉に表しても分かってもらえないから、自分の気持ちを話せと言われるのが怖い。いつも相手に気を使いすぎて、自分が何を言いたいのか分からなくなってしまう。話す前に疲れてしまう」

私たち大人は子供によく、「はっきり言いなさい！」「ちゃんと言葉にして言わなければ何も分からないよ！」と言って叱《しか》ることが多い。しかし、自分の思いをきちんと言葉に整理して話せるくらいなら、誰も悩んだり苦しんだりはしないのだ。

むしろ、言葉に表してもらわねば相手の心を感じることができないという、受ける側に問題があるとも言える。子供の中にあるたくさんの複雑な思いを、大人の都合に合った聞こえのいい言葉になど、まとめられるはずはないのである。

相手の口から発せられる言葉にだけ頼ってしまうのではなく、表情や態度などから「言葉にならない言葉」を感じとる力を、日ごろから養っていくことが大切だと思う。

それは、自分自身にとっても、人生の折々に病気やさまざまな事件などの形で与えられる神様からの「言葉にならないメッセージ」を、正しく読みとっていくトレーニングにつながっていくのである。

家族力の大切さ

最近、ニュースを見ていると、家族同士が絡んだ事件の多さに驚く。「親が子を――」「子が親を――」だけではなく、「夫が妻を――」「妻が夫を――」「嫁が姑《しゅうとめ》を――」「姑が嫁を――」などなど、いったい世の中どうなっているんだと問いかけたくなるような出来事が巷《ちまた》にあふれている。

「親ならばこのくらいは分かっているはず」「夫婦ならば当然このくらいは」といった、昔なら当たり前とされた家族の常識は、いまや通用しなくなっているようだ。その原因は、世の中の変化にあることも確かだが、家族というものがもともと持っているはずの自己治癒《ちゆ》力や再生力が弱まり、その結果、家族間にさまざまな歪《ひず》みが生まれてきたことにもあるのではないだろうか。

家族という組み合わせが持つ力というものは不思議なもので、プラスに働くときとマイナスに働くときで、まったく違う結果を生み出す。たとえば、誰かが病気になったり、問題を起こしたりしたときにマイナスに働くと、取り返しのつかないほどに互いの心をすれ違わせることが少なくない。お互いへの思いが強く、心の距離が取りにくい間柄ゆえに、心の糸がひとたび絡み合うと容易にはほどけなくなり、夫婦、親子の問題が、二代、三代にわたる〝家族の宿題〟として残されていくことにもなりやすい。しかしプラスに働くとき、それらの問題は、家族間のアンバランスを壊して、家族が持つパワー（家族力）を再生、活性化させ、家族の成長を促す大きなチャンスとなる。

私は三年半前、突然がんの告知を受けた。手術、そして再発、再手術と、自分の体の中で起こっている出来事になす術《すべ》もなく、これも神様の思いなのだと頭では分かっていても、どうしても自分の心のコントロールができず、手術後の体の不調や副作用、再発への恐怖などに一喜一憂することが多かった。そんなときに、家族の存在がどれだけ自分の支えになったか分からない。

ベッドに横たわる私に「大丈夫だ。どんなときも笑顔を忘れるなよ」と言ったきり、天気の話ばかりしていた口下手《くちべた》な父。「何も守ろうとしないでいいよ、何でも一から始めればいいんだから。あんたは私に似て考えすぎるからダメよ」と、厳しい言葉で励ましてくれた母。「あなたはこんなことで絶対に死なないから！」と、ちょっと無理した笑顔で毎日病院に通ってくれた妻。そして、

学校の帰りに自転車で汗だくになりながら、その日の出来事を話しに来てくれた子供たち。それから弟たちや甥《おい》っ子、姪《めい》っ子たち――。病気になるまでは、自分が支えていると思っていた家族に、実はしっかりと支えられていたのだということを、あらためて感じて、本当に心からありがたいと思えたのである。そして、その気持ちが自分の「生きる力」になっていった。

「家族力」が順調に働けば、喜びや楽しみは二倍、三倍に膨らみ、悲しみや苦しみは何分の一にもしぼんでいくものだ。そうなるためには、一人ひとりが自分中心の考え方にとらわれず、ほかの人に思いやりと感謝の心を持って接するよう心がけていくことだと思う。「夫婦なんだから」「親子なんだから」と互いに都合よく甘えることなく、しっかりと相手の個性を認め、たまには譲り合い、頭を下げ合うくらいの覚悟を持って付き合っていくことだ。それが心と心の適正距離をつくっていくのだと思う。

家族の組み合わせは星の数ほど存在する。それらはいずれも、神様が配置された絶妙のものだ。自分たちに与えられた組み合わせを生かして、どう家族を創《つく》り続けていくのか、お互いの個性をどのように重ね合わせて、どんなハーモニーを奏でていくのか、これもまた神様から与えられた宿題である。

第三章
心のケアについて

絆――神様からの贈り物

今年（二〇一一年）三月十一日、東北地方を中心に東日本大震災という、思いもかけない大きな出来事が起こりました。人間の計算や想定をはるかに超えた規模の地震や津波が、それまでその地に生活していた人々や家、学校など、あらゆるものを、その心や思い出も一緒に根こそぎ破壊していくという、本当につらく悲しい出来事でした。そのあまりの被害の現状に、これから街並みの復興や、さまざまな形で傷ついた人々の心の立ち直りまでは、長い時間が必要となっていくことは間違いありません。

「きずな」と「ほだし」

震災以来、いろいろな場面でよく見かけるようになった漢字が「絆《きずな》」という一文字です。「絆を深めよう」「絆を拡《ひろ》げよう」「絆を強めよう」などなど、新幹線や飛行機にも大きくペイントされ、テレビ番組やマスメディアでも数多く用いられています。

国語辞典で「絆」を調べてみると「断つことのできない人と人との結びつき」と書いてありました。漢字の意味に詳しい語源辞典では「もともとは犬や牛馬を逃げないようにつなぎとめておく綱のこと」「読み方として〈ほだし〉とも読む」ともありました。

日本語の表現でよく使われる「あの人の願いや思いにほだされて、ついどうしようもなくて……」というときの「ほだされる」は、「絆される」と書くのだそうです。つまり「絆」という字は、人と人、お互いの心が強く結びつくという意味だけではなく、「相手との関係のなかで、切るに切れず、断るに断れずにどうしようもなくて」という、あまりいい意味には使われない場合もあるということです。

家族が抱えるさまざまな悩みのおたすけに関わったり、カウンセリングをして相談を受けたりしていると、夫婦や親子の「きずな」が何かの問題をきっかけにして絡み合ってしまい、どうしようもない苦しみや、時には憎しみの「ほだし」に変わってしまうことは数多くあります。また逆に、回復不能なくらい壊れていると思っていた「ほだし」の関係が、素晴らしい家族の「きずな」に再生してくることもあるのです。

言い換えれば、「きずな」と「ほだし」は、その人間関係に関わる人々の心の持ち方によって、大きく変化するものでもあるということです。

ある若い女性から、お付き合いをしている彼氏からのDV（暴力）についての相談を受けました。彼氏との関係を知る友人たちは、そんな男性との付き合いをやめるようにと再三忠告しているのですが、彼女は、彼氏の未熟な感情がつくり出す嫉妬《しっと》や過干渉からくる暴力を、自分への愛情からくるものに違いないと思い込み、それこそ「ほだされて」つらい関係をズルズルと続けていきます。心理学的には「依存」や「執着」という対処しにくい感情に流されている状態なのですが、このように、頭で理解しても、なかなか行動や言葉を変えていくことが難しい厄介な人間関係が、現代社会では増加してきているように感じています。

実際に世の中が、いまのように科学や技術の進歩で便利になり、何事にも合理化やスピードアップが図られてきていますが、その陰で、心の悩みや病を抱えた人の数は増加の一途《いっと》をたどっています。日本の年間の自殺者数は、十年以上、毎年三万人を超えているのが現状ですし、家族間のコミュニケーションも困難になり、親子、夫婦、兄弟などの親族同士の殺人事件や、幼児虐待、ネグレクト（育児放棄）など、悲しい事件や出来事が多発しているのです。もしかすると、大震災というつらく悲しい出来事が起こる前から、すでに人と人をつなぐ「きずな」のあり方が、すごく弱くなっていたということが事実なのかもしれません。

今回のことでクローズアップされた「絆」という言葉に、人々はいま、何を感じ、何を求めているのでしょうか。

立ち直った少女

「もういいから、ほっといてよ！」

「うるさいなあ、もう！」

いきなりの大声でした。援助交際を繰り返し、警察に身柄を保護されて、私が面接を担当することになった十五歳の少女との出逢《であ》いは、取りつく島もない荒れた状況から始まりました。

「どうせ私が悪いんだから、それでいいじゃない！　あんたに何の関係もないでしょ！」

「そうだね、ホントに君が言う通りだ。確かにあんまり関係ないよね」

「もう言われることは分かっているって言ってるでしょ。みんな同じことばかり言うし、説教はもういらないから！」

「みんなから同じこと言われたの？　どんなふうに言われたのかな？」

自分が発する乱暴な言葉に対して、動揺も怒りもせずに、一つひとつ言葉をじっくりと受けとめながら聞いていく私に少し戸惑いつつ、にらみつけるような厳しい顔から、少しずつ寂しげな表情に変化しながら、彼女は徐々に落ち着いて話をし始めます。

「大人は誰も信用できない。親も先生もウソばっかり言うし……」

「いままで誰も信用した大人の人はいなかったの？」

「一人だけ……私のおじいちゃん。おじいちゃんは私のことを、いつもちゃんと見ていてくれた。ほんとうに優しかった。でも、もう三年前に死んじゃったし……」

「そうかぁ、亡くなったおじいちゃん以外は誰も信用できないんだね」

「誰も信用できないし、関係ない……」

「じゃあ、いまは一人ぼっちということなのかな？」

カウンセリングだけでなく、相手の話にしっかり耳を傾けて聴いていくことを訓練された人は、こうやって相手の言葉を繰り返していきます。これは「あなたのメッセージを、一言ももらさず聴いています」という覚悟や意思を伝えるコミュニケーションの大切な方法なのです。

話のなかで私に感じられてきたことは、彼女はいま、誰とも関係が持てない孤独な状況にあって、援助交際という短絡的で刹那《せつな》的な行動をすることで、その孤独を紛らわせようとしていることでした。そして、その行動から、かえって自分を誰からも必要とされない、無価値なものとして傷つけ続ける結果になっていたのです。よく見ると、腕や足に刃物を使って自分で切ったような跡がたくさん残っています。

彼女が何度も口にする「関係ない」という言葉は、「関係＝絆」だとすると「私は一人ぼっちで誰とも絆が結ばれていない」という意味に聞こえてくるのです。

「じゃあ一つ提案してもいい？　少し心を使って想像してみてくれる？　いま君が座っているイスの横のイスに、そのおじいちゃんが腰かけていて、君のことを見ているとするよ。おじいちゃんは、どんな顔をしてるかな？」

はっとしたような表情をした彼女は、少しの間考えて、こう答えました。

「私のことを心配しているかもしれない……。私を嫌いかもしれない」

「そうだね、すごく心配していると思うよ。ちょっと、おじいちゃんのことを考えないといけないね」

「おじいちゃんには悪いことしていると思うけど……」

「それじゃあ、もう一人想像してみて」

「えっ、誰を？」

「将来、君が結婚したとするよ。そして妊娠して、君から生まれてくるかもしれないかわいい女の子が、そのイスに座っていると想像してみて。その子が大きくなって中学生になったころ、たぶんお母さんにこう聞くよ。『お母さんの中学生のころは、どんな子だった？』って。君はその子に、どんな話をするのかな？」

しばらく黙って考えていた彼女は、

「何も言えないかもしれない……」

と、小さな声でつぶやきました。

「誰とも関係がない人なんて、この世に一人もいないと思うよ。君にも、おじいちゃんや将来の子供さんがいるじゃない。その人たちのためにも自分を大事にして生きないとね」

気がつくと、二人で話し始めてから一時間以上たっていました。その後一年くらいの期間が過ぎ、途中にいろいろな出来事はありましたが、彼女は当時の苦しい状態から立ち直ることができました。

目には見えない人たちのおかげで、空虚な孤独感から抜け出すきっかけをもらったのだと思います。人と人との「きずな」は、空間や時間を超えて結びついているものに違いありません。

十年後の手紙

いまから五年前の平成十八年の秋、私が所属する大教会が、教会創立百十周年を迎えたときのことです。このときに、何か記念に残るものをと、皆で企画して「十年後の手紙」を全教会から募集することになりました。

これは記念祭の日に、十年後に宛先《あてさき》の人に届く手紙をポストに預かり、保管して、百二十周年のときに直接配達するという企画でした。数多くの人たちから、たくさんの手紙を預かりました。

両親から子供たちへ、祖父母から孫へ、教会長さんから信者さんへ、夫から妻へ、妻から夫へ、十年後のその人に対する思いが書き記されました。記念祭当日にそのポストを封印して、現在も大教会で大事に保管しています。

なかには、その手紙を預けられた後に、出直された方もおられます。しかし、その方たちのそのときの思いは手紙の中に息づいて、書かれた相手の方の手に渡る日を静かに待っています。

私も十通以上の手紙を書きました。その当時、神様から身上を頂いた進行がんの二回目の手術から五年がたっていましたが、正直言って、まだ心には常にがんの再発転移に対する少しの不安が宿っていたころでした。

私にとっての初孫が、次男のお嫁さんのお腹《なか》にいるときでしたので、おじいちゃんとして、まだ見ぬ孫に初めて手紙を出しました。十歳になったその子が、自分の書いた手紙を読むことを想像して、知らずにほほ笑んだり少し涙ぐんだりして、一人でテンパっていたおじいちゃんでした。その子も、いまは四歳になり、妹も生まれてお姉ちゃんになりました。内容は、本人が封を切るまで内緒にしておきます。

そして、身上の自分をいつも陰で支えてくれた妻にも、たぶん二十年ぶりくらいにラブレターを書きました。これこそ内容は最重要機密です。

たくさんの人のいろいろな思いが、十年後にそのままの形で誰かに届けられること、これも大切な「きずな」の結びつきになるはずだと信じています。

心の糸を結び合う

「絆」という漢字は「半分と半分を、一本の糸で結べば絆になるという意味」と言った人がいます。自分だけの思いで相手の気持ちを縛りつけたり、ただ相手に頼って依存したりするだけでなく、自分と相手が、半分ずつ糸の責任を持って結びつくことが必要だということなのかもしれません。

私が大好きな歌の一つに、中島みゆきさんの「糸」があります。車の中でもよく聴いているのですが、実はいま、この曲を聴きながら原稿を書いているのです。

「糸」

なぜ　めぐり逢うのかを
私たちは　なにも知らない
いつ　めぐり逢うのかを

私たちは　いつも知らない
どこにいたの　生きてきたの
遠い空の下　ふたつの物語
縦の糸はあなた　横の糸は私
織りなす布は　いつか誰かを
暖めうるかもしれない

なぜ　生きてゆくのかを
迷った日の跡の　ささくれ
夢追いかけ走って
ころんだ日の跡の　ささくれ

こんな糸が　なんになるの
心許なくて　ふるえてた風の中
縦の糸はあなた　横の糸は私
織りなす布は　いつか誰かの
傷をかばうかもしれない

縦の糸はあなた　横の糸は私
逢うべき糸に　出逢えることを
人は　仕合わせと呼びます

この曲を聴きながら心に思ったことは、人間関係の希薄さが問題になっているこの世界で、いま一番必要とされているのは、互いの心の糸を大切に結び合おうとする「認め合い」「たすけ合い」の心なのかもしれないということです。

相手の糸と結びつきたいのならば、まず自分のほうから心の糸を相手に伸ばすことから始めることでしょう。相手のほほ笑みが欲しい人は、自分からほほ笑みを相手に向けるように、相手にしてもらいたいことは、自分から先にさせてもらうことです。そして、いつも周囲に自分の糸を向けている優しい心づかいをしていることが、しあわせに出逢《あ》える機会を多く持つことにつながっていきます。

神様が決められた「逢うべき人」とは、自分にとって好きな人や都合のいい人だけではなく、嫌いだと感じる人や、どうしても関係がうまく取れない人も含まれているのです。「きずな」と「ほだし」の二面性を忘れることなく、周囲の人たちと共に生きていくことが、私たちの人生に深みを増してくれます。これまでも、そしてこれからも、たくさん出逢うであろう「きずな」も「ほだし」もすべて神様からの贈り物なのだと思います。

傷ついた心とどう向き合うか

女性の出番

いま、よくお話が出るのは、東日本大震災の被災地の方たちの、心の問題についてです。

震災当時は、あまりの出来事に心も不安定になり、自分も周囲も混乱していますので、何が何やら分からない状態になります。その後、命がたすかった人に、不思議な言葉ですが「ハネムーン期」というのが来ます。ただ生きているだけでも「良かった」、冷えたおにぎり一個を食べながらでも「あぁ、これだけでも自分たちは感謝している。命があるだけでもありがたいと思う」と言って、幸せを感じる時期があるのです。それが、震災からだいたい一、二カ月の間だといわれています。

それから始まるのが、ストレス症候群です。それまで喜んでいたけれども、よく考えたら、ちっとも喜べないことが徐々に出てくるのです。

それは、「命があっても、家が流され、財産も家族もなくなってしまった。周りもそんなふうな状態だ。これからどうしたらいいんだろう」「自分だけがたすかって良かったのだろうか。一緒に死んでしまったほうが良かったのではないだろうか」などと考え、すごく落ち込んでいきやすいのが、実はいまからなのです。

精神的ダメージを受けて、そのダメージがなかなか癒《い》やされない状態が、いまからどんどん始まると思います。これから長い時間をかけて心のケアが必要になってきます。被災地の復興には、男性の力はもちろん必要ですけれども、こまやかな心のケアについては女性の出番だと思います。話を聴く、受け入れる、受けとめるという、「生み育て」の心をお持ちの女性が、これからどういうふうに心のケアに入っていくかということが、一つの大きなポイントになっていくのかなと考えています。

「フラッシュバック」という言葉をご存じでしょうか。実は、阪神・淡路大震災のときにうつになった人で、今回の津波の映像を見て布団から出られなくなったり、「自分はいままで頑張ってきたけれども、またこんなことが起こるのではないか」と落ち込んで、うつを再発したりする人が多くおられます。すぐには出てきませんが、しばらくして何かのきっかけで、それを思い出すということがあるのです。それを「ＰＴＳＤ（心的外傷後ストレス障害）」と診断されることがあります。

実際におたすけをしている方はお分かりになると思いますが、おたすけの相手の悩みのほとんどは、過去のことか他人のことだと私は思います。過去と他人を変えたいということです。

たとえば、「あのとき、私はバカだったんです。あんなことをやってしまって」と言って悩んでいる奥さんがおられます。そのときに、私が素直に「バカだったたですね」と言いますと、怒って「なんで私のことをそんなふうに言うのですか。私は一生懸命にやったんです」と言われます。ということは、その出来事が過去になっていないということなのです。

「今度の失敗も、たぶんあのことが原因でまたやっているし、これからもきっと、あのことが原因でうまくいかない人生を送るんです」というふうに、流れがずっと続いているというのが、過去を過去にできないときの人間の心です。ですから、たとえばその過去について、「本当に私がバカだったんです」と、笑ってしゃべれるようになれば、過去のこととして心に治まっていくのだと思います。

言葉を聴き取る力

過去にしていくにはどうしたらいいか。それは、その出来事をちゃんと見なくてはいけません。思い出したくないから逃げているんです。その中途半端な状態というのが、人間の心を悩ませているのです。

過去の出来事を説明するためには、言葉がいります。その言葉を出すためには、聴く人が必要です。言葉というのは、聴く人がいて初めて言葉になるのです。

「よし、聴こう」と思って、集中して聴く力の目盛りを上げると、ちゃんと相手の話が言葉になって聞こえてくる。感情も聞こえてくる。ところが、同じことを何回も何回も言う人の話を聞くときには、目盛りが下がっています。「ほら始まった」と弛《ゆる》みます。すると、それは言葉ではなくて、声に聞こえているはずです。最も聞きたくない人の話を聞くときには、声にもなっていなくて、音になっているはずです。

音、声、言葉を聞き分けるスイッチは、自分の心にあります。ちゃんと聴くためには、のべつまくなしに聞いていては良くありません。今回、心に傷を負った方たちから、いろんな悩みを一日で全部聴き取ろうとすることは、その方たちにとっても苦しいことだと思います。ですから、私はこの人の話を集中して、どのくらい聴けるだろうかと、自分の限度をちゃんと知っておくことです。よく「おたすけで、五時間も六時間も話を聞かされたのよね」と言う奥さんがおられます。私が「どうでした?」と感想を聞くと、「疲れました」と答えられます。ということは、この五、六時間は疲れるための時間だったということです。なぜ相手が五時間も六時間もしゃべるのか、という発想になっていないのです。

私がおたすけに活用している、カウンセリングの手法があります。それは、「いまから三十分間、あなたの話を聴かせてもらっていいですか。三十分たったら、ちょっと用事があるから外出しますけど」と言って、時間を仕切って、この三十分間をしっかり聴くのです。三十分だったらできます。

聴くときには、まずしっかりと集中し、自分の意見は一回目、二回目では言わなくていいと思います。たとえば「大変だったでしょうね」と言ったあとに、「でも、今回のことはね……」と、ついしゃべってしまうのが私たちです。「心を立て替えるための旬だからね」と言ってしまいますと、ただそれだけになってしまいます。

「大変だったでしょうね」に対して、相手が「はい」と言って黙られたときに、焦らないように。黙っているということは、この人に何を言ったらいいだろうかと、次に出す言葉を探しておられるはずです。だから、こちらはじっと待つ。

この待つ時間が、皆さんにはとてもつらい時間なのです。ついついしゃべってしまう。それで、最終的に同じパターンで、自分がいいことを言ったという気持ちになる。ところが、相手に変化がありません。ということは、言葉が入っていかなかったということです。

いのちへの問いかけ

私が関わった、ある少女のお話をします。

この子は小学六年生のときに、同級生と一緒にプールで泳いで遊んでいて、仲の良かった幼なじみの男の子が溺《おぼ》れて水死しました。救急車が来て、人工呼吸をしたりするのを、周りで子供たちが見ていた。さっきまで一緒に遊んでいて、後ろにいたのをその子が覚えていたけれども、誰も気づかない間にプールの底に沈んでいたのです。

そんなことがあって、臨床心理士が学校に派遣されました。その子は学級委員もする真面目《まじめ》なお利口さんで、中学二年生までまったく問題がなかったのですが、中二になってから、学校へ行きたくないと言うようになりました。「学校へ行かない。友達はみんな嫌い。先生も嘘《うそ》つきだ」と、いきなり言いだしたのです。

どうしたんだろうと思って、スクールカウンセラーが聞いてみたら、「みんな、どうして悲しまないの？　あの子が亡くなったことを、なんでみんな忘れるの？」って。「○○君、死んだもんなあ、みたいに冗談のように言っていた。私はとても悔しかった。みんな平気なの？　私が異常なの？」と、カウンセラーに尋ねました。明らかにＰＴＳＤです。表面的には元気なふりをしていましたが、心の中はずっとボロボロだったのです。それで、その子は学校に行けなくなりました。

高校一年生のとき、学校を中退する前に、「みんなが笑っているのが分からない」と言いました。「なんでみんな幸せなんだろう」って。「私はあの子のことを考えて、ずっとこれからも生きていかなきゃならない。自分だけが笑うことなんかできない」と言って、笑わないのです。

服装も、黒とか白の服が多い。そして、手首に多くの傷がありました。「なんでそんなことをするの?」って、親が聞いたそうです。すると「自分でも分からない。だけども、切って血が出たときに、生きていると思う」と。それを人に隠れて、ずっと一年間ぐらいやっていました。

今年の夏は、震災に遭った子供さんたちも、おぢばに帰ってこられるでしょう。なかには、自分の親兄弟や大切な人を亡くした子もいるかもしれません。その子供たちの心の中にあるのは、なんで自分の大切な人が急にいなくなったのかということです。そういう「なんで？」「どうして？」という問いかけに答えるのは、とても大変なことです。

たとえば、お医者さんは、「津波にのまれて、心肺停止になって水死したんだよ」と答えるかもしれません。しかし、それは答えではなく説明です。子供が問いかけているのは、なんで自分のお父さん、お母さんが死ななくてはいけないのかということです。これに答えるには、神様のお話しかないし、宗教家でないとできないと私は思います。人間がとやかく言っても納得できません。神様の話をして、神様と人間の関係のなかで、その子供たちに話していくことが必要だと思うのです。

私はその少女に、こんな話をしました。

「偉かったね。みんなが忘れていたかもしれないけど、その子のことをちゃんと覚えていて、一緒に生きていた。この三年間は二人分生きなくちゃいけなかったから、しんどかったね。でもね、その子は十二歳で亡くなったけれども、ちゃんと十二年間、生ききった」

「もっと生きていたら私と同じように……。私はこんなに幸せなのに、あの子は幸せではない」

「そんなことはない。あの子は十二年間生きて、周りにいっぱい幸せを与えたし、自分も幸せなことがいっぱいあった。だから、ちゃんと終わらせてあげよう」

「そして、また生まれ変わってくるよ」と言うと、「生まれ変わってくるの?」って、少女が聞きます。

「人間は生まれ変わってくるよ。先生は何回も生まれ変わってきている」と答えると、「それが本当だったら、私は頑張れる」と。

魂は生き通しで、滅びるものでなく、また新しいかりものを借りて、この世に生まれてくるという、お道のお話ができました。

お道の言葉は、そういう子供たちの心を救うことができます。しかし、そのためには私たち自身が、もっとしっかりと本当の話をしていけるように、教祖のひながたの道を学ばなくてはいけないと思います。「かわいそうに」と言うだけでは良くない。「かわいそうに」というのは、どこか上からものを言っているように思うのです。

家が半壊で家族がいる人に、「全壊で家族を亡くした人もいるんだから、その人のことを考えたら、あなたのところはまだいいじゃないの」ということを、励まそうとして言ってしまうことが、実はすごく傷つけることになるのです。泣いたらいけない、悲しいと思うのはぜいたくだと、その人たちに言ってしまっていることになるのです。

泣いて、悲しんでいいと思います。その人たちには、その人たちの大変さがある。つまり比較するのでも、差を見るのでもなく、「違い」を私たちが聴き取っていくのです。いんねんも魂も違う私たち人間で、出会い方もそれぞれ違うわけですから、いつも同じような対応をしているというのでは、それは本当に誠なのでしょうか。ちゃんと相手のことを理解しようとして、自分のその時その時の誠を尽くしていくというのが、本当ではないかと思います。

いつも変わらない対応をしているのは、それは自分が楽だからではないでしょうか。誰に対しても変わらないというのは素晴らしいことですけれども、本当にそんなことが人間にできるのだろうかと思います。みんなに同じように言っているからあなたにも、というのは、比較のなかでしか生まれてこない言葉ではないかと思うのです。

ですから今日、皆さん方にお教えしたいキーワードがあります。それは、「最後まで付き合う」という言葉です。

まず、「この人にはこの人の苦しみがある。この人はこの人の人生を生きている。この人の人生という、一冊の本をつくっている途中なのだ」と思うことです。ほかの本と比べて、「あなたのほうも次へ行かないと。この人はここまで行っているわよ」と言われたら、「じゃあいいです、私は」って、自分の本を破る人が多いでしょう。最後まで付き合って、最終ページまで見るというのは、宗教家にしかできないことだと思います。

私のところへは、ＰＴＳＤなど、悩みをたくさん持っている人たちが来られますので、「最後まで付き合う」という言葉をいつも言います。すると、若い人たちは、ものすごくうれしそうな顔をします。みんな二、三年の付き合いでしか見てくれないと思っていますから。一生の付き合いということは、その人の良いときも悪いときも、全部含んで付き合う覚悟をするということです。

お道の話をちゃんと聞いて、すごく熱心なときもあれば、お道にそっぽを向くときもある。もしかしたら、教会にまったく来ないときもある。それを、最初から含んで一生付き合うということです。この言葉は、やはりその人たちの心の中で、何か問題があったときに教会に足を向ける一つの絆《きずな》になるのではないかなと思います。

問題を繰り返すとき

私は二十八歳のとき、部内の事情教会を持たせていただいて、本当に楽しかったんです。にをいがけもおたすけもすぐに結果が出て、まるで光がいっぱい当たっているようでした。神様はそういうときに、危ないなと思って、いろいろと見せてくださるのです。

勇んで通っていたある日、一番下の息子が、学校で両目の間を七針縫うけがをしました。そして、校長先生が謝罪に来られました。私は、「目と目の間で良かった。そんな大げさにしなくてもいいですよ。トラブルにもしません。どうぞお帰りください」と言って、気持ちよく帰っていただきました。一般家庭の親だったら文句を言う人もいるだろうけど、私は信仰しているから、そんなことは言わないぞと、カッコよく応対しました。

そうしたら三週間後、今度は慎重派のお兄ちゃんが、側溝に足を突っ込んで何十針と縫うけがをしました。二カ月続けて校長先生が、けがをした生徒のところに、まして同じ家に来ている。これは神様ごとですね。

左足の膝《ひざ》から下が包帯でぐるぐる巻きになっている息子の姿を見て、フラッシュバックしました。「やけど?」って、私はすぐに思ったのです。「あぁ、しまった」と思いました。実は、私は小学二年生のとき、掘りごたつに足を入れていて、中にかけてあったやかんの熱湯が足にかかって大やけどをしました。そのことを思い出し、自分はいんねんの自覚が足らなかったなと、つくづく思いました。

人間の心というのは、同じことを繰り返す癖性分を持っています。なぜ同じ問題を繰り返すかというと、問題の答えがいつも一緒だからです。私たちがいつも同じ答え方をするから、神様が、「人間の心はあざないものであるから、何度の理にも知らせなければいけない」と言って、「一たす一が分からんか」、「もう一度聞くぞ。一たす一は？」って、同じ問題を出して見せられる。それなのに「私はこうだとしか思えません」という硬い気持ちでいたならば、これは神様に対して申し訳ありません。

同じ問題が起こったら、変えるべきは問題の人ではなくて、自分の心です。そのほうが早いです。過去と他人は変えられないと、先ほど言いました。自分で変えられるのは唯一、神様から自由を与えていただいている心です。そして、その自由に使える心を御《み》教え通りに使えば、未来を変えられると私は思っています。

私の大好きな言葉に、「二つ一つが天の理」「順序一つが天の理」「誠一つが天の理」「成ってくるのが天の理」という、四つの言葉があります。実は、私はこの四つのお言葉をもとに、カウンセリングをしているのです。「この家庭は四つのうちのどれが欠けているかな」と。

お父さんとお母さんのバランスという「二つ一つ」。おじいちゃん、おばあちゃんを大切にしているかという「順序一つ」。この家に嘘はないか、誰かが嘘をついていないか、自分をかばうために嘘をついている人はいないかという「誠一つ」。成ってきたことを誰かのせいにしていないかという「成ってくるのが天の理」。この四つを基本に置いて、ものを見ているのです。

『稿本天理教教祖伝』『稿本天理教教祖伝逸話篇』の中に、心のケアのヒントが全部入っています。ちゃんと親神様、教祖に、前もっておたすけの用意をしていただいているのです。本当にありがたいと思います。

見返りを求めない

また、おたすけやケアに見返りを求めてはいけないと思います。たとえば、「こんなにあなたのことを思っているのに、なんであなたは分かってくれないの」と言ってしまったら、これは、見返りを求めるためにおたすけをしていますと白状していることになります。こんなにやっていて、なかなか変化がないけれど、やり続ける。それがおたすけだと思います。見返りを求めだしたら、お道の信仰は苦しくて仕方がないです。見返りを求めないでいくということが、私は大事だと思います。

見返りを求めないでやるためにはどうしたらいいか。それは、片思いの心を忘れないことです。

たとえば学生さんたちは、片思いのときは「先生、先生」って、うれしそうな顔で私のところへ来ます。「バイト先に私の好きな人がいるって言ったでしょ。あの人が昨日、私を見て笑ったの。ふふっ」って笑うんです。ちょっと妄想かなと思うんですけれども、「なんか幸せなの、今日は。何でもバラ色に見える」って言うんですね。単純でいいなあと思います。

次に来たときは、「肩がぶつかった」って。「私の肩とあの人の肩が、赤い糸でグルグル巻きになっている」って。「その赤い糸が君には見えるんか?」と言いたくなるんですけれどもね。

三回目には、向こうから申し込まれてお付き合いをするようになって、「もう幸せの絶頂なんよ、先生」って。私は、「これからが不幸の始まりやな」と思います。だって、絶頂ですから、これから下りるしかありません。だいたい三カ月ぐらいで上ったら、三カ月で下りてきます。

待っておりましたら、最初のころの晴れやかな様子ではなくて、「くれない病」という病気にかかっていました。私もこの病気にかからないようにしないといけないんですけれども、語尾に「くれない」とつけてしまうんですね。「私がこんなに電話しているのに、すぐに電話してくれないの。メールをしても返してくれない」と。この「くれない病」が始まると、だんだんダメになっていきます。

そして、その次に出るのが比較です。「先生、私の友達の彼氏なんか、優しいのよ」などと言いだします。それを聞くと、私は「あぁ、終わった」と思います。比較できないものを比較しだしたときは、オリジナリティーがないので、それ以上はありません。

この人と自分のオリジナリティーをどこまで続けるかというのが大事なことで、それはおたすけでも一緒だと思います。この人にみんなと同じようになってもらいたい、というおたすけだったら、たぶんうまくいかないでしょう。「あの人はあの人、この人はこの人」と、それぞれの人に集中していく、自分のスイッチの切り替えが必要だと思います。

その代わり、ゆっくり付き合う。ゆとりをもって付き合っていくということが、大事な方法かなと思うのです。

想定外という言葉

私は十三年前にがんになりました。大腸がんから始まって、見つかったときには三期のBという、末期の一つ手前でした。すでにリンパ節に転移があり、一年半たったら肝臓に転移しました。それで、肝臓も六分の一ほど切り取りました。それから十一年がたちます。

最初の一年半は、情けない信仰をしていました。検査でいきなり「三期のBで、命が危ない病人です」と言われて、「僕は大丈夫です」って言っても、がん患者と名前をつけられ、病の世界に入れられました。ちょうど、今回の被災した人たちと重ね合わせて考えてください。ある日突然、いきなりその世界の人だと言われて名前をつけられたわけです。

そこで私は、どうしたらこの世界から出られるのかと思って、単純ですからお医者さんの言うことを聞けばいいのだと考えました。それで、お医者さんの言うことを一生懸命に聞いて、抗がん剤も、苦しかったけれども飲んで頑張りました。

そうしたら、がんが再発しました。手術をしたあとにお医者さんから、また同じ抗がん剤を渡されました。「また飲むんですか？」って聞いたら、「また飲んで」って言われました。

「先生、一年半、真面目に飲んだけれども、またがんになりました。この薬、効かないんじゃないですか？」

「いや、効くか効かんか分からんけど、やっぱり何もせんわけにはいかんから」

「えっ、効くか効かないか分からないけど、何もしないよりいいから飲んでいたんですか?」

「まあ、そういうことになるね」

「僕は、先生を神様のように信じていました。よく考えたらそうですよね。本当は、この薬が絶対に効くかどうかは分かりませんよね。じゃあ先生、この薬、やめていいですか?」

「いやあ、そういうわけにはいかんよ」

こんなやりとりをして、「もう神様一本でいきます」と決めました。なぜかというと、こんなことがあったからです。

二回目の手術の前に母がやって来て、「あんた、また心配そうな顔をしているね」と言いました。実際、「手術でお腹《なか》を開けてみないと分からない」と医者から言われていましたので、「はぁ、どうなるかな」と思っていました。

母は私の顔をじっと見て、「あんたね、兄弟のなかで、私はあんたが一番心配だったよ」と言いました。私はびっくりしました。なぜなら、私は自分が親孝行だと思っていたからです。親の後を継いで梅満の会長もしているし、おたすけも頑張っていると思っていました。

すると、「あんたはね、良すぎたよ」って母が言ったのです。意味が分かりませんでした。「どういう意味？」って聞いたら、「良いときの人は感謝をしない。親々のおかげで、おじいちゃん、おばあちゃん、ひいおじいちゃん、ひいおばあちゃんのおかげで、周囲の人たちのおかげがあって、自分があるということを忘れていたやろ」と言われたのです。

図星でした。自分が頑張るんだって、妙に孤立していたのです。そのことに気がつきました。

そうしたら、母が言ってくれました。「あんたと私はよく似ている」と。母は、教会でないところから嫁に来ました。教会のことはさっぱり分からないうえに、部内が二十数カ所ありましたから、いろんなことを言われて、悔しくて泣いていたらしいんです。母は負けず嫌いですから、「これで文句ないでしょってていう奥さんになってやる」と思ったそうです。そして、これで文句ないでしょってなったときに、子宮外妊娠破裂、子宮がん、肝炎と、死ぬような病気をしたのでした。

そして私は、「あんたはね、化けの皮が剝《は》がれたのよ。私も何回も化けの皮を剝がされて、こうやってたすけられている。だから、何が大事かよく考えなさい」と、心に響くお説教を受けました。

今回の震災で「想定外」という言葉がたくさん出てきました。この世の中、想定外のことだらけだということを知っているのは、私たち信仰者です。これから心を切り替えて、どうやって生きていこうかという人のためには、想定外の話、つまり生きていることは奇跡なんだという話を、私たちお道の人間が、その人たちに、普段からチャンスがあればしていくことです。これが一番のポイントではないかなと思います。

「ありがとう」が心をつなぐ

私たちは何のために生まれ、何のために出直していくのか。今回のことは、このことをよく考えなさいと、神様からしっかりと見せられているのだと思います。私もおかげさまで、がんという身上を頂いて、たくさんのことを学ばせていただきました。

そのおかげで、前は苦手でおたすけに行けなかった、がん患者さんを次から次にお与えいただいています。私は、この人たちは病気で死ぬのではないと思っています。そうではなくて、病気と共に生きている。そして、最後のときまで生きておられる。そのときまで付き合うと決めれば、その人との会話の内容も全然違ってきます。

末期の人などと話すときは、以前は緊張していました。「こんなこと言ってはいけないだろうな」と。言ってはいけないことをいっぱい作っていて、笑顔になれますか、ということです。

もしも、相手の顔色が変わって怒られたり、失敗したりしたら、「ごめんなさい」って謝ってください。「そんなつもりで言ったのじゃないのよ」っていうのは、良くない言葉です。そんなつもりでないかどうかは、相手が判断することです。「ごめんなさいね、さっきは。でも、そういうことをあなたが言ってくれたおかげで、私は分かったわ。ありがとう」って言ってください。「ありがとう」という言葉が大切です。

被災地の人たちは「ありがとう」という言葉を、ずっと言わなきゃいけない状況にある人たちなのです。これが大きなポイントです。「ありがとう」って言わなくちゃいけませんもの。「全国から、世界から来てくれて、いろいろたすけてくれて、ありがとうね」って。「ありがとう」って言うのも、本当は苦しいと思います。でも逆に、それが多い状況にある人たちに「ありがとう」という言葉を使っていけば、私はちょっと変わってくると思います。「あなたたちから本当にいろいろと教《おそ》わったことがありました。ありがとうございました」って。「おぢばに来てくださってうれしかった。本当に喜ばせていただきました。ありがとうございました」って。

世界中で「ありがとう」という言葉が、一番欠けていた言葉なのかもしれないと思います。人を責めたり、叩《たた》いたり、不足を言ったりというのが、私も含めてどうしても多い人間ですので。「ありがとう」というのは一番むずかしい言葉のようですけれども、たくさん使っていただきたいと思います。私は、家庭の治まりも、実はこの言葉がキーワードではないかなと思います。

「感謝、慎み、たすけあい」という、陽気ぐらしのキーワードがあります。感謝を表すのが「ありがとう」。慎みを表すのが「おかげさまで」。たすけあいは、「何かあなたのお役に立てることはありませんか」。この三つのキーワードには、具体的な言葉をつけてお話をしていかないと、唱え文句になってしまいます。いつもそのことを考え、「ありがとう」という言葉を今日は何回言ったかなど、思いながら生きているところであります。

「おかげさま」がいっぱいある人が、実は一番幸せな人かもしれないと思っております。それを表す「ありがとう」を、いっぱいお使いいただくようにお願いいたしまして、私のお話を終わらせていただきます。

あとがきに代えて

道友社から父の本を出版したいと声をかけていただいたとき、「どうぞ」と二つ返事で承知しました。それから、あらためて原稿を読んで、私は息子でありながら、初めて「宮﨑伸一郎」の思いや考えを知ることができたように思います。

私のよく知る宮﨑伸一郎は「父」であり、周りから「先生」と呼ばれてお話を取り次ぐ姿は、ほとんど見たことがありませんでした。というより、そういう場面に遭遇しても、私はその姿を父親としてしか見ていなかったように思います。そういう意味で、私は父の半面しか知らなかった（見ていなかった）のかもしれません。父の出直しから五年がたち、私自身、教会長という立場を頂いて、ようやく落ち着いて見えるところも増えてきたように思います。私の知らなかった父の半面にふれさせていただいた今回の機会をありがたく感じるとともに、父からいろいろなことを教えていただけたことを本当にうれしく思います。

私は二十歳前後までは、教会長の息子（後継予定者）として見られることがとても嫌で、できるだけお道と関わらないようにしていました。小学生のころは「こどもおぢばがえり」に友達を誘うなどして、教会行事に参加していましたが、中学生になると、家族や周りの人から「おまえは後継者だ」「いずれ教会長を継がなければいけない」などと言われるのが嫌で、少しずつ避けるようになったのです。

父は教会長ですから、私にいろいろと行事への参加などを勧めますし、お道の話もします。私はそれを、ことごとくはねつけていました。親子としては、とても仲の良い関係でしたが、教会長の息子としては親不孝者でした。

しかし、そんな私を父は優しく受け入れて、私の身勝手な言い分をしっかり受けとめてくれました。うれしいことも嫌なことも、なんでも話し合う場をつくり、子供と真正面から向き合ってくれた姿を思い返すと、あれが父の仕込み方だったのではないかと思います。そのおかげでいま、こうして教会長とならせていただけたのだと感謝しております。

父は、生涯に三度の大きな身上を頂きました。一度目と二度目のとき、当時学生だった私も病院へ見舞いに行きました。父はいつも笑顔で、私たちの話を聞いて笑っていました。この本を通して、初めて当時の父の姿や心の内を知り、父の心の機微に気づかず自分のことばかり考えていた自分は、本当に〝こども〟だったなと反省しております。と同時に、子供たちの前でまったく弱音を吐かず、落ち込んだ姿を見せなかった父は、本当にすごいと思います。

父が出直した直後は、正直言って、不足の心しか湧《わ》いてきませんでした。私は当時、教会本部の境内掛で勤務していました。神殿で立哨《りっしょう》しながら「この出直しに何の意味があるんですか？　なぜ親神様は、そんなことをするんですか？」と、毎日のように心の中で文句を言っていました。しかし、鬱々《うつうつ》としながらも、父との思い出を振り返るとき、浮かんでくる父の姿はいつも陽気で、どの場面でも前向きに楽しそうなことばかり話しているのです。そんな姿を思い描いているうちに、「こんな暗い考えは親父が一番悲しむな」「親父が一生懸命に通ったこのお道を、私もしっかり通ってみたい」という気持ちに、だんだんとなっていきました。

いま、あらためて思うのは、父は一緒に過ごした毎日の生活態度や会話、生きる姿のすべてを通して、子供たちをお道につないでくれたのだということです。その思いをしっかり受け継いで、父に安心してもらえるよう、これからも家族で力を合わせて頑張っていこうと思っております。

父はいろいろなことを絶えず考えていた人間ですから、伝えたかったことは、もしかしたら、この本には収まりきれないかもしれません。しかし、ありがたいことに、たくさんの方々と関わりを持たせていただきましたので、それぞれの方の胸に、父の思いはずっと残っていることと思います。父の話の中の考え方が必ずしも正解だとは言えないかもしれませんが、この本がお道を通る皆様の、おたすけの参考になればと願っております。
最後に、この本の出版に携わった道友社の皆様、作中でお世話になった皆様、また、それ以外にも、父と懇意にしてくださった皆様にお礼を申し上げ、あとがきに代えさせていただきます。どうもありがとうございました。

立教一八一年二月

天理教梅満分教会長　宮﨑和人

本書は以下の内容を元に、一部訂正を加えたものです。
第一章　平成14年10月27日、「おみやげ講話」
第二章　平成12年～14年、『人間いきいき通信』連載エッセー
第三章　平成23年、『ウィズ・ユゥ』27号、特集寄稿
　　　　平成23年6月27日、「婦人会支部長・主任例会 講話」

㈱ヤマハミュージックエンタテインメントホールディングス
出版許諾番号　19341P
（この出版物に掲載されている「糸」の出版物使用は、㈱ヤマハミュージックエンタテインメントホールディングスが許諾しています）

宮﨑伸一郎（みやざき・しんいちろう）
昭和31年(1956年)、福岡県久留米市生まれ。同54年、西南学院大学経済学部卒業。同年４月から九州大学教育学部で臨床心理学を学び、研究生として在学中に心理判定員として福岡市児童相談所に勤務。同60年、天理教掛赤《かけじゃく》分教会長、平成５年(1993年)、梅満《うめみつ》分教会長就任。同25年、出直し。
天理教学生担当委員会委員、教化育成部研究員、「天理教基礎講座」福岡教区会場運営委員長、天理大学人間学部非常勤講師、天理教校本科実践課程非常勤講師、「道の心理臨床家の集い」代表のほか、九州大学教育学部心理教育相談室カウンセラー、同大学院人間環境学府附属臨床心理センター面接指導員、日本赤十字九州国際看護大学学生相談室カウンセラー、福岡県スクールアドバイザー、九州医療センター非常勤講師およびスクールカウンセラー、NPO法人「メンタルドッグこころ〜む」理事長などを務めた。
著書に『親のココロ 子のキモチ―３人のセラピストからのメッセージ』(共著、道友社)、『しあわせに向かうキップ』(天理教学生担当委員会)がある。

神様《かみさま》からの宿題《しゅくだい》

立教181年(2018年)４月１日　初版第１刷発行
立教182年(2019年)８月26日　初版第３刷発行

著　者　宮﨑伸一郎

発行所　天理教道友社
〒632-8686　奈良県天理市三島町1番地1
電話　0743(62)5388
振替　00900-7-10367

印刷所　株式会社天理時報社
〒632-0083　奈良県天理市稲葉町80

ISBN978-4-8073-0618-3
定価はカバーに表示